名人传

岳 飞
鹏举的忠魂

廖炳焜 著　　杜晓西 绘

人民文学出版社
PEOPLE'S LITERATURE PUBLISHING HOUSE

著作权合同登记:图字 01-2023-2633 号

©三民书局股份有限公司
本著作中文简体字版由三民书局股份有限公司授权上海九久读书人文化实业有限公司与人民文学出版社在中国大陆(台湾、香港、澳门地区除外)独家出版。

图书在版编目(CIP)数据

岳飞:鹏举的忠魂/廖炳焜著;杜晓西绘.—北京:人民文学出版社,2018(2024.11 重印)
(名人传)
ISBN 978-7-02-014292-7

Ⅰ.①岳… Ⅱ.①廖… ②杜… Ⅲ.①岳飞(1103—1142)-传记 Ⅳ.①K825.2

中国版本图书馆 CIP 数据核字(2018)第 103876 号

责任编辑　李　娜　吕昱雯
装帧设计　汪佳诗

出版发行　人民文学出版社
社　　址　北京市朝内大街 166 号
邮政编码　100705
印　　制　山东新华印务有限公司
经　　销　全国新华书店等
字　　数　66 千字
开　　本　890 毫米×1240 毫米　1/32
印　　张　5
版　　次　2018 年 8 月北京第 1 版
印　　次　2024 年 11 月第 3 次印刷
书　　号　978-7-02-014292-7
定　　价　35.00 元

如有印装质量问题,请与本社图书销售中心调换。电话:010-65233595

不论世界如何演变,科技如何发达,但凡养成了阅读习惯,这将是一生中享用不尽的财富。

三民书局的刘振强董事长,想必也是一位深信读书是人生最大财富的人,在读书人数往下滑落的多元化时代,他仍然坚信读书的重要性。刘董事长也时常感念,在他困苦贫穷的青少年时期,是书使他坚强向上;在社会普遍困苦、生活简陋的年代,也是书成了他最好的良伴。他希望在他的有生之年,分享这份资产,让其他读者可以充分使用。

"名人传"系列规划出版有关文学、艺术、人文、政治与科学等各行各业有贡献的人物故事,邀请各领域专业的学者、作家同心协力编写,费时多年,分梯次出版。在越来越多元化的世界中,每个人都有各自的才华与潜力,每个朝代也都有其可歌可泣的故事,但是在故事背后所具有的一个共同点,就是每个传记主人公在困苦中不屈不挠的经历，这些经历经由各位作者用心查阅有关资料，再三推敲求证，再以文学之笔，写出了有趣而感人的故事。

西谚有云：世界因有各式各样不同的人，才更加多彩多姿。这套书就是以"人"的故事为主旨，不刻意美化主人公，以他们的生活经历为主轴，深入描写他们成长的环境、家庭教育与童年生活，深入探索是什么因素造成了他们的与众不同，是什么力量驱动了他们锲而不舍地前行。以日常生活中的小故事来描写出这些人为什么能使梦想成真，尤其在阅读这些作品时，能于心领神会中得到灵感。

和一般从外文翻译出来的伟人传记所不同的是，此套书的特色是由熟悉文学的作者用心收集资料，将知识融入有趣的故事，并以文学之笔，深入浅出写出适合大多数人阅读的人物传记。在探讨每位人物的内在心理因素之余，也希望读者从阅读中激励出个人内在的潜力和梦想。我相信每个人都会发呆做梦，当你发呆和做梦的同时，书是你最私密的好友。在阅读中，没有批判和讥讽，却可随书中的主人公海阔天空一起遨游，或狂想或计划，而成为心灵

知交。不仅留下从阅读中得到的神交良伴（一个回忆），如果能家人共读，读后一起讨论，绵绵相传，留下共同回忆，何尝不是一派幸福的场景！

谨以此套"名人传"丛书送给所有爱读书的人。你们都是世界上最幸福的人，因为一直有书为伴，与爱同行。

目 录

1. 母子逃难·随波浮沉 …………… 1
2. 他乡获救·必有后福 …………… 6
3. 一家团圆·重回故里 …………… 11
4. 筚路蓝缕·重整家园 …………… 16
5. 英雄少年·初遇名师 …………… 18
6. 周侗爱才·喜获高徒 …………… 27
7. 允文允武·未来栋梁 …………… 32
8. 比武应试·技压群雄 …………… 36
9. 严师骤逝·遗授兵书 …………… 43
10. 初次从军·首战立功 …………… 46
11. 慈父仙逝·严母刺背 …………… 53
12. 靖康之难·急赴沙场 …………… 57
13. 收服吉倩·如虎添翼 …………… 60
14. 汜水一战·天下扬名 …………… 66
15. 高宗畏战·宗泽病亡 …………… 73
16. 被黜回乡·精忠不二 …………… 77

17. 再度领军·护卫朝廷 …………… 81
18. 用计反间·大败兀术 …………… 86
19. 剿平匪乱·安定地方 …………… 92
20. 收复建康·兀术丧胆 …………… 95
21. 收复襄阳·安定后方 …………… 101
22. 秦桧变节·主张和议 …………… 104
23. 严母去世·辞官守丧 …………… 111
24. 出师勤王·计败刘豫 …………… 116
25. 宋金和约·丧权辱国 …………… 119
26. 兀术毁约·再度南侵 …………… 121
27. 十二金牌·逼迫班师 …………… 124
28. 奸佞当道·忍痛辞官 …………… 129
29. 被诬谋反·身陷囹圄 …………… 133
30. 奸臣联手·忠魂殒灭 …………… 138
　　尾　声 ………………………… 142
　　岳飞小档案 …………………… 144

1. 母子逃难·随波浮沉

1103年,春夏交接的季节,决口的黄河又泛滥成灾。汹涌的黄河,滚滚的浊水,正轰隆轰隆地冲溃两岸的堤防,往中下游的农田村庄席卷而去。

在距离黄河不远的相州(今河南安阳)汤阴县内,岳和一家刚刚庆祝过老来得子的弥月之喜,全家还沉浸在喜气洋洋的气氛中,完全不知道凶恶的洪水已经来到家门口。

"咦,什么声音?轰隆轰隆的!"岳和被惊醒。

岳和的妻子姚氏也醒了过来,发现浑浊的河水已经冲进屋里,惊慌地抱起身边的婴儿。

"大家快逃啊!黄河决口了!黄河决口了!"村民的呐喊声传进屋里。

"夫人!我们快带着飞儿逃吧!"岳和扶着妻儿冲出门

口，一股强劲的洪流迎面冲来，岳和差一点滑落水里。

"怎么办？怎么办？"姚氏心急如焚。

一时间，岳和也慌得没了主意。

两人正着急时，不知从哪里漂来了一口大水缸，岳和急中生智，赶紧伸手抓住水缸，往水缸里一探，发现缸里没有水，便对姚氏说："夫人，快！快坐进水缸里。"

姚氏知道丈夫的用意，但是，心里又怎么舍得和丈夫分开逃命去？何况这水缸不知是否真的能保住她母子二人的性命。可是丈夫却连让她犹豫的时间都没有，催促着她："到了这种地步，只能求老天保佑你们母子二人了，我会设法和你们团聚的。"

洪水的水位继续升高，姚氏不再迟疑，紧紧抱着怀中的婴儿，坐进水缸里。母子刚坐好，岳和便松了手，一股强劲的水流把水缸冲得好远好远。

"夫人！你可要小心哪！"

岳和望着急漂而去的水缸，大声叮咛着。就在这时，岳和一个重心不稳，双脚一滑，掉到水里去了。

大水缸在滚滚浊水中载浮载沉，随波逐流。坐在大

水缸里的姚氏看着缸外一望无际的水世界，不时地闭上眼睛祈求着："老天爷！求您保佑我母子二人哪！我怀里可是岳家唯一的命根子啊！求求您，救救这个可怜的孩子吧！"

是的，这个小婴儿正是岳家唯一的儿子——岳飞。

岳和和姚氏结婚二十几年，夫妻俩不知访过多少佛堂庙宇，求过多少仙丹妙药，到了双鬓渐白之时，仍然盼不到一个孩子。

或许是老天不忍看到这对善良、恩爱的夫妻老来无伴，终于让他们喜获麟儿。令人称奇的是，这可爱的小婴儿出生的当天晚上，岳和亲眼看到一只大鹏飞过岳家屋顶。大鹏高亢地鸣叫数声，凌空消失在夜色之中，同时，屋内传来了"哇！哇！"的婴儿哭声。

"生了！生了！是个男孩！"屋内洋溢着一片喜气。

因为有这样的吉祥征兆，岳和特地将这个宝贝儿子命名为"飞"，字"鹏举"，希望他将来鹏程万里，远举高飞，为国家社会做一番大事业。

岳飞好像天生就有异于常人的胆魄，此时静静地熟睡在母亲的怀里，面对这场惊涛骇浪的灾难不为所动。

姚氏虽然已经非常疲惫、恐惧，但还是不敢闭上眼睛稍事休息。四周传来的尽是滔滔的水声，她生怕自己一不留神，他们母子就会连同水缸一起被卷进无情的洪水里。

2. 他乡获救·必有后福

姚氏紧紧抱着岳飞，迷迷糊糊地随洪水往下游漂荡。不知过了几天几夜，水缸行进的速度好像渐渐慢了下来。姚氏往外一看，只见水面上到处漂浮着木材、家具或是家禽家畜的尸体，但就是看不到附近有什么村庄房舍。

"天啊！我们母子会漂到哪里去呢？要是被冲进大海……"姚氏不敢继续想下去。

恐惧加上饥饿、疲劳，姚氏不知不觉地昏睡过去，只是她的手还是紧紧地抱住孩子，丝毫不肯放松。

不知过了多久，大水缸终于被冲到一个不知名的村庄口，搁浅在一片大水过后的泥泞里。姚氏恍恍惚惚地听到阵阵议论声，从昏睡中苏醒过来。

"你们看！水缸里有人！"

"咦！是个女人家。呵！还抱着一个娃儿哩！"

"不知是死是活，叫叫她吧！"

"这位大娘，醒醒！大娘，醒醒！"

姚氏感觉有人摇着她的身体，立刻睁开眼睛。

"哦！你们是……"姚氏醒来，不敢相信自己还活着。

"您是哪里漂来的？孩子可还活着？"有位老婆婆关心地问。

听到有人问起孩子，姚氏赶紧拍拍怀中的岳飞。

"哇——"岳飞一睁开大眼睛就放声哭了起来。

听到这一声哭，姚氏心中一块大石头终于落了地，忍不住掉下泪来："谢天谢地！飞儿，我们母子得救了。"

众人听到孩子洪亮的哭声，也放了心，赶紧围过来，七手八脚地把姚氏拽出水缸，岳飞也从姚氏手中被众人接了出来。

"好一个娃儿！你看这眼神晶亮，天庭饱满，难怪福大命大，能逃过这场大劫。"一群人热心地争着抱岳飞，无不称赞岳飞圆头大脸、长相不凡。

所有围观的人都为这对母子感到庆幸。洪水经过的村镇，人口、牲畜死伤无数，听到姚氏说自己家住汤阴县，大家更是觉得不可思议，一个大水缸竟然载着这对母子，安然地漂流了几百里，抵达了河北的大明府黄县麒麟村。

"这位大娘，你就暂时在我们麒麟村安身吧！等洪水全退了，再想办法寻找你的家人。"一位中年妇人看到姚氏虚弱无力、脸色苍白，安慰她说。

"是呀！是呀！"众人异口同声地赞同。

"可……可是，我……"姚氏心想母子俩在这异乡无亲无故、衣衫褴褛，除了身边这口大水缸，一无所有，要如何过日子？

想到今后的处境，姚氏不禁心头一酸，泪水啪嗒啪嗒地流下来。

中年妇人看到姚氏这样伤心，赶紧安慰她说："大娘放心，天无绝人之路。你能漂到此地，表示你们母子俩和我们村子有缘，我们大家会帮你想办法的。"

"对！对！"众人呼应着。

就在这时，人群外传来洪亮而又慈祥的声音："人在哪里？让我看看！"

"喔！太好了！王员外到了！"

一听到王员外，村民们都回头看，赶紧让出一条通道来。这时从人墙里走出了一个慈眉善目、衣着整洁的老人家。这位老人家就是平时乐善好施、麒麟村有名的大善人——王成。

王成在路上已经听村人把姚氏的遭遇叙述清楚，来到现场看到这对可怜的母子，非常同情，赶紧对姚氏说："唉！这洪水确实可怕，但夫人和令公子能活下来，也算是吉人自有天相。"王成转身吩咐众人说："快！各位快把他们搀扶到我家里去，别让母子俩站在那儿着凉了！"

姚氏听了一时不知如何应答："这……怎么可以……"

王成看出她的心思，又接着说："你尽管放心，我家够大，再多的人也无妨。山珍海味是没有，倒还有粗茶淡饭可供你们温饱。暂且住下吧，一等到你家乡的消息，再送你们母子俩回乡，如何？"

姚氏一再迟疑，一旁的村人却不停地劝她："大娘，你放心住下来吧！这王员外是本地的大善人，何况你不为自己，也要为你的儿子着想。"

听到众人提到孩子，姚氏眼眶一红，心想："难道我要让飞儿和我流落在街头?"这才心中有了主意,对王员外说:"多谢王大爷好意,那我们母子只好暂时打扰了。"

村人们看见姚氏决定在王员外家住下,都为她感到高兴。一伙人前呼后拥,将姚氏送到王员外家。

姚氏带着岳飞,在王员外家住下来。王员外的夫人和一家大小,对待他们母子俩如亲人一般,使他们无论是物质上或精神上都能安心。只不过每当夜深人静,姚氏仍然会从噩梦中惊醒,想起洪水来犯的那个晚上以及被大水冲散的丈夫,难过得流下泪来。

3. 一家团圆·重回故里

日子在平淡中一天天地过去，一转眼，姚氏和岳飞已经在王员外家住了快一个月。这段日子王员外也派出一些人，往汤阴县附近打听，可是一直没有岳和的消息。姚氏急着要知道家里的情况，经常茶不思、饭不想，身体一天天地消瘦下去。王夫人一方面安慰姚氏，一方面也要求丈夫加派人手，继续到相州汤阴县打听黄河水退的情况和岳家的消息，以便早日送姚氏母子俩回家。

就在王员外动员亲朋好友帮忙打听消息的时候，一个外地人来到了麒麟村。这个五十来岁的中年人显然经历了长途跋涉，一脸疲惫，但是逢人便打起精神问："您可见过一个妇人抱着孩子，被大水冲到这儿来？"

一位麒麟村的村民反问道："您说的可是一对坐在水缸里的母子？"

一听到水缸,中年人眼睛一亮,赶紧说:"对!对!他们母子就是坐在水缸里的。大爷,您一定见过他们吧?"

"哈!他们母子俩真是福大命大!水缸竟然不沉不破,漂到我们村子口。现在母子俩已经在王员外家安顿下来了。"这位村人不禁眉飞色舞,好像在讲述一件刚刚发生的事情。过了半晌,他才问起这位外地人:"这位大爷,您是姚氏的……"

中年人脸上的一片乌云早已一扫而光,赶紧回答:"姚氏正是我夫人,我叫岳和。"

"您真的是岳大爷?太好了!我们王员外找您找了好久!快!快跟我到王员外家。"

岳和一路心情忐忑,跟着这位好心人来到了王员外家。王家仆人听说来人就是岳和,赶紧将他引进大厅。

岳和看见妻子抱着岳飞,正和王员外夫妻在大厅说话,立刻呼唤:"夫人!"

姚氏转头看见丈夫,不敢置信,又惊又喜,迎上去大声唤:"相公,真的是你!"

岳和和妻子相拥而泣,悲喜交集,又急着把岳飞抱进怀中,仔细看了又看,轻声地对孩子说:"飞儿,真是苦了你啊!"

岳飞虽小,却好像也感染了家人重逢的喜悦,在岳和怀里舞动着双手。

王员外夫妇看见岳和一家三口终于团圆,也为他们高兴得掉下泪来。

岳和说起自己这些日子的情形。原来那天他被洪水冲走后,一直在寻找逃生的机会。就在他自认逃生无望的时候,身边漂来一截大树干,他赶紧抱住树干随波逐流,最后被冲到岸上来,保住了性命。大水退去后,岳和沿着黄河,一村接着一村、一户接着一户地找,就是找不到妻儿的踪影。正伤心难过的时候,想不到就在这麒麟村和妻儿重逢了。

岳和叙述自己的遭遇后,双手合十,虔诚地说:"老天保佑。老天保佑!"

姚氏拉过丈夫的手,说:"多亏了王员外好心收留,否则我们母子恐怕现在还流落街头呢!"

岳和赶紧转身拱手对王员外说:"多谢王员外这些日

子来对我妻儿的照顾,您真是我岳家的大菩萨。"

王员外笑着说:"哪里,哪里!应该说是我和您一家人有缘!岳先生您就在我这里休息几天吧!"

和妻儿重逢的岳和一心只想早日回乡重整家园,只好客气地说:"大水过后,为了寻找妻儿,一直让家园荒废。现在只盼早日回去重建家园,实在不好意思继续留在这里。"

王员外和夫人知道岳家三口归心似箭,只好吩咐下人为他们准备行李和干粮。

王员外等人送岳和一家人到了村子口,王夫人拍拍襁褓里的岳飞,对姚氏说:"这孩子天庭饱满,福大命大,一定要好好教育,将来必是国家栋梁之才。"

岳和千谢万谢,和麒麟村的村民们挥手道别,带着妻儿急忙上路,奔回故乡汤阴县。

4. 筚路蓝缕·重整家园

历经长途跋涉，岳和带着妻儿终于回到故乡。但是，故乡已是满目疮痍。房舍一间间倒塌在烂泥里，农田也被大水冲得面目全非，村庄人口所剩无几，到处是一片凄凉。岳和夫妻俩面对这样的景象，知道无论如何一定要先有一个遮风避雨的地方。于是，姚氏背着岳飞，和丈夫一起搬运竹子、木材、茅草，先架起一个简单的房屋结构，再搭成一间非常简陋的住家。

回到家乡的日子里，岳和去整修流失的农田，姚氏则在住家附近找块空地种些蔬菜，或背着岳飞出去捡拾野菜回来，充当三餐。

渐渐地，有些流浪在外的村人回来了，破败的村子慢慢地有了人气。水灾过后，粮食非常短缺，岳家和所有的村人一样，虽然勤奋劳动，却仍过着三餐不继的生活。

依照惯例，黄河水患使百姓流离失所，朝廷应该展开救灾行动，并开放谷仓发放米粮，但是，在位的徽宗皇帝重用蔡京、蔡攸父子，他们只知道贪赃枉法，不管百姓死活。所有的赈灾款项几乎都落入了贪官的口袋，灾民只好继续在饥饿的边缘讨生活。

而北方的辽金两大强邻又不时地对宋发动战争，宋朝皇帝却只能频频割地、赔款求和，使得老百姓的生活更加水深火热。

5. 英雄少年·初遇名师

光阴似箭，岁月如流水，距离上次汤阴县洪水肆虐已经十三年。

十三年过去，朝廷依旧腐败。

虽然年岁已大，但岳和为了养活一家，仍然得依靠自己的双手在田里讨生活。夫妻两人胼手胝足，总算把一个家重建得稍稍有了样子。而当年和母亲坐在水缸里逃过水难的岳飞，已经是个懂事的十四岁少年。

岳飞从小喜欢读书、习武，只是家境贫寒，没钱进入私塾读书，只得依靠母亲姚氏找来几本旧书教他读写，也没有钱买纸笔，只好在沙上画字。虽然这样困难，岳飞却不觉得麻烦，在母亲的教导下，学到了很多书本里的知识。

一个严冬的早晨，大雪接连下了三天后，大地上一片银白,雪地上看不到一个脚印。这村中只有数十户人家,房子多半是由茅草、芦苇、土块搭盖,有的还半颓半倾,十分凄寒。

村子西边的一间土屋,茅草铺得相当厚,左右墙脚还支着两个树桩。看得出来土墙刚刚修补过,比其他人家干净一些。门外的积雪也被扫除,只残余薄薄的一层雪。一看就知道,这是一个非常勤俭的家庭。

"咿呀——"一声,木板门开了。

岳飞穿着一件带补丁的旧棉袄,戴着一顶旧毡帽,从屋内走了出来。

外头风大,岳飞回身将门板用力关紧,才急忙离开,没走几步便跑起来。

一路上天寒地冻,岳飞顶着一阵强过一阵的西北风,往村口急奔。忽然,一阵狂风卷起地上的碎雪,打得岳飞满头满脸都是。这冷洌刺骨的严寒天气,连大人都难以承受,年仅十四岁的岳飞到底为了什么大事,必须这样冒着风雪出门?

原来,去年春天,岳飞有一次出门砍柴回来,发现村子里那片柳树林后面开了一所学馆。岳飞向人打听，得知学馆里的老师名叫周侗，虽然已经六十多岁，但是身体还非常硬朗，不但书教得好，还会教学生骑马射箭和其他武艺。这让岳飞着实兴奋了一阵，有这样的老师来教读书、练武，不正是自己盼望已久的吗？

岳飞进一步打听才知道，周侗是附近几户有钱人家礼聘来教导他们的子弟的。岳飞心里很清楚：自己家连吃饭都成问题，哪有钱请老师教他呢？岳飞不敢向父母提起拜师学艺的事情，却常常跑到学馆外的竹林里，偷偷地看着那些幸运的孩子练武，或是躲在窗下，听着里面的周师父讲课。他知道今天周师父又要学生练武，所以尽快把家里的活儿做完，赶到竹林里，看看他们练习什么功课。

"喝！"一个大约和岳飞同龄的少年，双手舞动着一双流星锤，双锤扫过就发出一阵"呼呼"的声音，好不威风。岳飞认得这位少年，正是王大户家的公子王贵。岳飞正看得入神，突然王贵大喝一声，双锤击向地上的一叠砖头。

"砰！"一声巨响，五块砖头已经全部破碎。

岳飞暗中叫好，想不到王贵能练得这样的神力，这周师父可真厉害。

"嗯！不错！不错！"周师父点头称赞，接着说，"换汤怀试试看。"

汤怀是岳飞的玩伴，平常最爱找人打架。岳飞屏息注视着，想看看他要拿出什么功夫。只见汤怀背着箭囊，握着一把弓，向前急奔，又突然煞住，抽箭、转身、拉弓，"咻！咻！"连发两箭，都命中靶心。岳飞看得一声"好"字差一点脱口而出，心想："这汤怀什么时候变得这么厉害了！"

"好！好！"汤怀的两位师兄弟大声叫好，周师父看了也不停地点头微笑。

这时轮到个子最小的张宪。张宪向前迈了一大步，向师父一拱手，自信地说："师父，看我一箭射下野雁吧！"

正巧，远远的天空，一只野雁缓缓飞过，张宪拉弓搭箭，"咻"的一声朝那黑点射出，随即听到野雁一声哀鸣，落下地来。

"嗯！有进步！"周师父露出满意的笑容。

这三位少年获得师父的赞扬，个个脸上得意万分。

突然，周侗说："这位小兄弟，你可以出来咯！"

身边三位徒弟感到莫名其妙，这里除了他们师徒四个，再无别人，师父是和谁在说话？

躲在竹林里的岳飞更是讶异，转头看看四周，没有其他人。

"难道周师父已经发现我了？"岳飞心里有些害怕。

"竹林里的小兄弟，我就是在叫你啊！"周侗又呼唤了一声。

"糟了！真的是在叫我！"岳飞心里发慌，但是感觉周侗的口气并没有责怪他的意思，就硬着头皮走了出来。

王贵师兄弟三个看见岳飞走出来，又怒又羞。怒的是，岳飞竟然躲在暗处偷看他们练武；羞的是，三个人竟然都没察觉到竹林里有人。汤怀首先走到岳飞面前，大声斥责："岳飞，你怎么可以偷看我们练武！"

岳飞涨红了脸，不敢抬头。王贵和张宪也围了过来，气氛顿时变得紧张起来。这时周侗赶紧说："你们三个不要乱来。"

周侗走到岳飞身边，拍拍他的肩膀，慈祥地说："小兄弟，你看他们练武也有好长一段日子了，不知道你记得多少？"

"啊？我……"原来这位老师已经注意他很久了！岳飞大惊，吞吞吐吐，不知怎么回答。

周侗好像已看出他的困窘，继续说："我知道你一定对练武非常有兴趣，不然不会在严寒的天气里，还愿意躲在林子里看我们练武。来！比划几招让我瞧瞧。"

"周师父，对不起，我只是……"岳飞想解释，周侗却已经把张宪的弓箭拿到他面前说："好男儿做事不要畏首畏尾、扭扭捏捏！射一支箭让我看看！"

岳飞听到周侗这番话，不再客气，接下弓箭。这时，张宪将箭靶摆在一百步之外的大树下，对岳飞喊道："岳飞，你就射这个吧！"岳飞说："请各位指教了。"

说着，岳飞拔箭、拉弓，朝靶心注视半晌。"咻！"一箭射出。大家抬头望去，箭正中靶心。

周侗看了面露惊喜，那百步距离，岳飞竟然能一箭中的。"我终于遇到了一个栋梁之才！"周侗心想。

其实，岳飞平日就常和父亲出门打猎，射箭早有基础，加上周侗刚才的激励，让他有了非中不可的决心。

"嗯，小兄弟有此神力，实在不容易。"

"周师父过奖了，我只是侥幸。"岳飞不好意思地说。

得体的谈吐让周侗对这少年增加了好感，当下便对岳飞说："小兄弟对练武既然有兴趣，今后可以加入王贵他们，大家一起切磋。"

岳飞一听，满心欢喜。周侗老师亲自开口要收他为徒，他不会是在做梦吧？但是一想到家里的经济情况，岳飞脸上的喜色瞬间又黯淡下来。他对周侗作揖说："周师父的好意岳飞十分感谢，只是我平日还需为家里干活，实在不便，请周师父见谅。"

旁边的王贵一听，不禁大怒，对岳飞说："岳飞！你实在不知好歹，我师父有心收留你，你竟然——"

张宪和汤怀也大声喊道："是呀！你这个偷看别人练功的小贼！"

周侗赶紧对三人说："你们不要无礼！每一个人都有自己的难处，不可勉强。岳飞，要是你改变了主意，我随时欢迎你回来。"

周侗温文儒雅的风度让岳飞在心里暗暗敬服,无法成为周侗的弟子让他感到非常遗憾。神情落寞的岳飞只好对周侗说:"岳飞出门已久,恐家中父母担心,在此向周师父告辞了。"

"唉!"望着岳飞飞奔而去的身影,周侗叹了一口气。

这一声叹息既带着惋惜,也带着赞赏。

6. 周侗爱才·喜获高徒

岳飞回家后,并没有将遇见周侗的事禀告父母。他每天依旧和父亲出门种田、砍柴、打猎,闲暇时间和母亲学写字。可是他心中一直惦记着周侗的那句话:"要是你改变了主意,我随时欢迎你回来。"

过了几天,活儿忙完了,父亲又拿出弓箭到屋外教岳飞练习。这次父亲将箭靶摆在两百步之外的一棵树下,随口传授了"心要沉,气要定"的要领,对岳飞说:"飞儿,这次你就试试这样的距离。"

岳飞从没射过这么远的距离,但是他充满信心。岳飞拉满弓,照着父亲的指点,瞄准靶心,一箭射去,正中目标。岳和大喜,喝彩说:"飞儿,好极了!再射一箭试试。"岳和实在不敢相信儿子进步这样神速。

岳飞再开弓射出一箭,又是命中靶心。这回岳和叫岳飞后退三十步，再射一箭。只见岳飞"咻"的一声又射中靶心。岳和看出自己的儿子是可造之才，要不是受到环境的限制，在这个乱世应该大有可为。

岳和看到岳飞的表现，虽然满心喜悦，却也感到深深的惋惜。

这时，屋后突然传来一声喝彩："真是英雄出少年呀！可喜可贺！"

话音刚落，一个青袍白发的老者从屋后走了出来。岳飞仔细一看，来者不是别人，正是周侗老师。岳飞赶紧上前拜见说："原来是周师父。"

周侗笑着说："小兄弟，这次换我偷看你练武，现在我们谁也不欠谁了。"

岳和一时摸不着头脑，岳飞赶紧将前几天的事情向父亲禀明，岳和听了忙对周侗说："犬子不懂事，如果有无礼的地方，还请周师父见谅。"

周侗却开心地说："哪里哪里，我一直好奇是哪两位有德的父母教出这么出众的孩子。那天之后，我打听到他的住处，特地到这儿来看看他。刚才看到他连射三箭，一箭比一箭精彩，真是少年英雄啊！"

岳和听到周侗这么称赞岳飞，心里很高兴，于是坦白地说："这孩子自幼就喜欢练武，只可惜我们是平常百姓家，无力延请老师教导。所以，他也只能利用闲暇跟我随意舞弄这些玩意儿。"

周侗听了，马上说："其实，今天我也是特别为这事来和岳兄商量的。那天我问令郎是否愿意和我一起习武，他虽然欣喜，却婉拒了我，我就知道他必定有苦衷。原来小小年纪就会替家中着想，实在难得。"

岳和说："我知道飞儿是想跟您学习的，真是难为他了。"

这时周侗朗声说道："得天下英才而教之，是人生一大乐事，怎么可以为了金钱这种小事，错过了这么优秀的少年呢？岳兄您别挂心，我一分钱也不收，就是一定要收岳飞这孩子到身边来。"

岳和一听，赶紧对岳飞说："飞儿，快过来拜见师父。"

岳飞立刻拜倒在地，长久以来的愿望终于实现，他高兴得眼泪都快掉下来了。

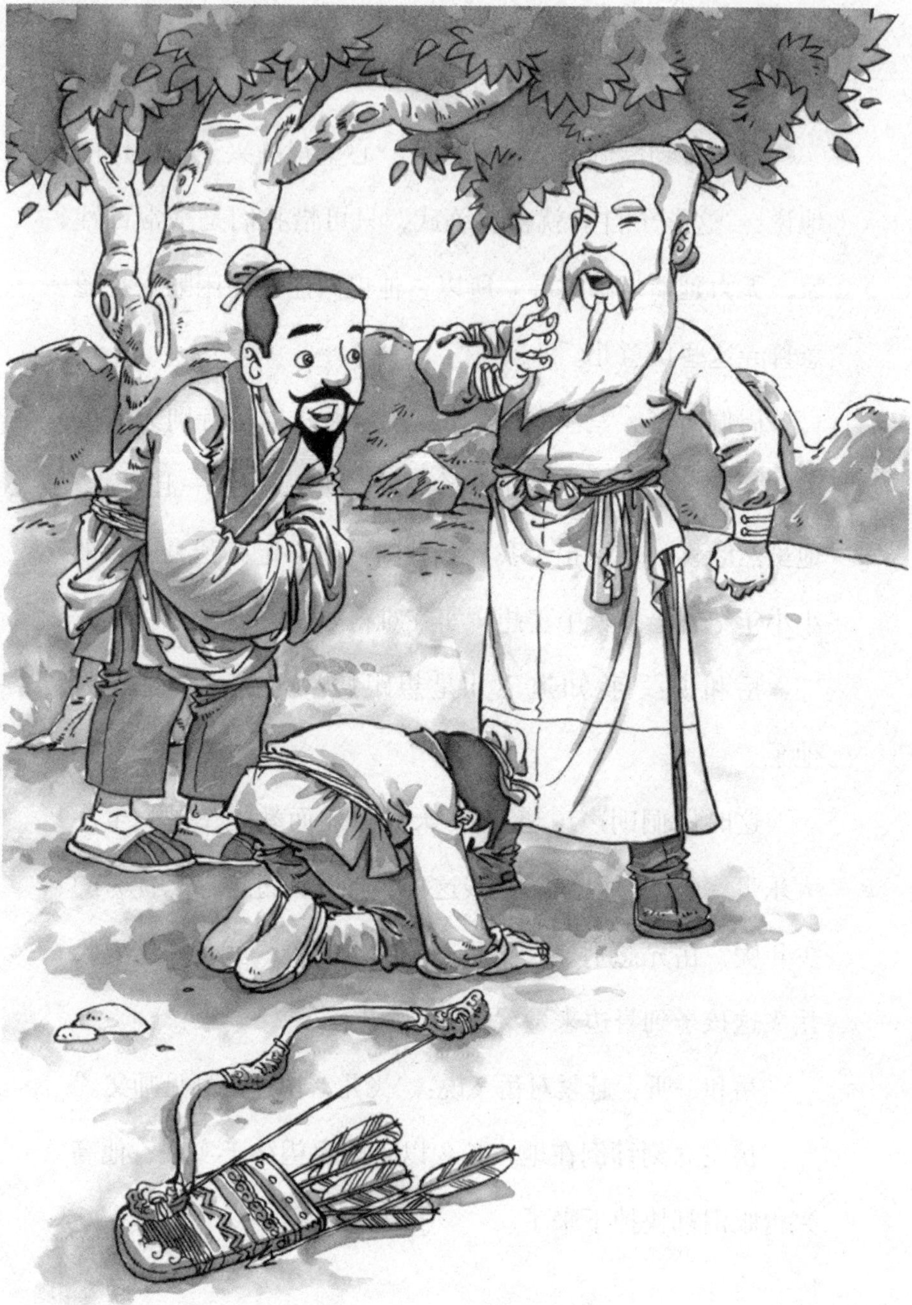

这件事也惊动了在屋内做女红的姚氏,姚氏听到周侗愿意收岳飞为徒,欣喜得向周侗不停地作揖道谢。她早就希望能为岳飞找到一位贤能的老师,如今终于如愿。

7. 允文允武・未来栋梁

周侗自从收岳飞为徒之后，为了让岳飞的学习更加扎实，就叫岳飞住到周家来，以便随时指导。岳飞进了周侗门下不久，周侗又收了徐庆、霍锐为徒，加上原来的王贵、汤怀、张宪等人，每天在一起读书练武，好不热闹。王贵、汤怀、张宪虽然比岳飞早入周侗门下，但是大家知道岳飞的年龄比他们大，又觉得武功和学问都不如岳飞，所以仍然推举岳飞为大师兄。

周侗教书的方法和别人不同，最重要的是师徒之间要互相提问与解答。除了教武术，周侗也教学生熟读《左氏春秋》，目的就是要让学生不仅武功高强，还能明辨是非，懂得做人的道理，将来才能报效国家。

兵器武学中，岳飞最钟爱射箭和枪法，和师弟们最大的不同是，除了练武之外，对于兵法和行军打仗之学，岳飞也很感兴趣。每当周侗讲解兵法时，王贵等人总是意兴阑珊，岳飞却听得津津有味。周侗看到岳飞这样的学习精神，已经暗自深信，岳飞将来必定是国家所倚重的人才。

光阴易逝，一晃四五年，岳飞每日勤学用功，耐劳耐苦，在父母师长的教养之下，文学武艺都打下了良好的根基。

一天，王贵从门外匆匆跑进来，对周侗说："师父，好消息！好消息！"

正在读书的岳飞和师弟们纷纷围过来。

周侗冷冷地笑道："呵！现在大宋外敌当前，奸臣当道，民不聊生，还有什么好消息？"

王贵喘了一口气说："师父，庙口贴了告示，县太爷将在月底举行本县的武生小考！"

"太好了！我们可以去试试看。"张宪几乎跳起来。其他人也跃跃欲试。

周侗听了，心里也暗自高兴。几年来，这一批学生虽然在他的调教之下每有精进，但总是欠缺正式的考验机会，现在机会终于来了。周侗故意试试徒弟们的反应，说:"嗯!这倒算是一个好消息。只不过月底太仓促,你们来得及准备吗?"

想不到一群学生迫不及待地回答说:"师父,您放心,肯定来得及,我们加紧练习就是了。"

大家听师父已经答应,都高兴得手舞足蹈,一方面是因为可以参加比赛,一方面是因为可以到县城去玩。而岳飞却神情黯然。

当师弟们都兴致高昂地跑回家告诉家人这个消息时,岳飞一个人待在窗边,心事重重的样子。

周侗一眼便看穿了岳飞的心事。

"岳飞,你是不是在为旅费烦恼?"周侗问。

"师父,我还是不参加了。"岳飞低着头说。

周侗拍拍岳飞的肩膀,说:"你父母让你来念书习武是为了什么?不就是希望你有朝一日能出人头地,为这多灾多难的国家做点大事吗?大丈夫怎么可以为了这一点小事轻言放弃?这是一个很好的机会,你就跟师父去,旅费我来负责。"

岳飞听到师父的训示,觉得惭愧。自己这样轻易打退堂鼓，岂不辜负了师父这几年来栽培的苦心！岳飞抬起头来，对师父说："师父教训得是，我会遵照师父的指示，而且一定赢得最好的成绩回来。"

岳飞马上回到家里，将比武考试的事情告诉了父母。岳和夫妇听了，心中十分感谢周侗对岳飞的照顾。姚氏为岳飞准备了远行的行李，特别告诫岳飞，不要在家中多逗留，应尽快回到周师父身边加紧练习，以便在这次考试中拿到好成绩，来报答周师父苦心栽培的恩情。

所以，当师弟们还留在家里时，岳飞早已经回到周侗身边，苦练他的长枪和弓箭。

8. 比武应试·技压群雄

县府比试的前一天,周侗就已经带着他的徒弟们抵达县城。没有进过城的王贵等人纷纷要求上街逛逛,只有岳飞留在客栈休息,他要养足精神,来应付明天一早的各项挑战。

第二天,师徒一行人来到比赛现场,里里外外都已经挤满了人。

县太爷坐在台上,主考官照着名册顺序唱名,被点到名字的就要出场应试。

首先比的是射箭。

周侗和徒弟们观看别的考生射箭,每射出一箭,听到风中的响声,周侗就微微露出笑容。周侗看出前几位考生的功夫都和自己的徒弟有差距。

终于,主考官叫到了张宪的名字。张宪走到了规定位置，却转头对主考官说："能不能将箭靶放远一点？"

"什么？你说什么？"主考官以为自己听错了，因为从来没有人会提出这样的要求。张宪的话也引来了观众的议论："这小子也太招摇了吧！"

张宪却神色自若地说："箭靶可以再往后挪六十步。"

"好吧！就照他的要求办。"主考官下令，他倒想看看这个狂人出丑的样子。

箭靶一放好，张宪便挽弓搭箭，一支支将箭射出，只听"咻！咻！咻！"连续的响声，五支箭不偏不倚地正中靶心，现场响起了一片惊叹声。前面几位的表现早已经让县太爷呵欠连连，现在他终于看见精彩的箭术，不禁也在堂上拍掌叫好。

接着是王贵和汤怀两人上场，因为表现和张宪相差无几，所以也获得了不错的成绩。观众们也都议论纷纷："这几个少年是从哪里来的？箭法如此精准！"

等到徐庆、霍锐通过比赛，县太爷心中已经有了谱："该不会是我那周大哥也到了？"

最后，轮到了岳飞。

县太爷看到眼前这位年轻人器宇不凡，特别在主考官耳边嘱咐了一些话。

主考官对岳飞说："岳飞，你能射多远？要和他们一样吗？"

岳飞看着百步外的箭靶，说："那就试试两百步的距离吧！"

岳飞这话一出，观众们一片哗然。有人说："这小子是不是疯了？"有人说："该不会是来闹场的吧！"

只有混在人群里的周侗师徒会心一笑，因为他们对岳飞有信心。

县太爷可是又惊讶又高兴，心想："今日终于见到奇才，这真是我大宋的福气。"赶紧命人将箭靶移到两百步之外。

岳飞站稳身子，一手抓起弓，一手搭上箭，只见他胸口吸饱一口气，屏气凝神，射出了第一箭。

"咻"的一声，一箭已经射穿了靶心，四周顿时响起一阵如雷的掌声。主考官被吓呆了，县太爷则看得合不拢嘴。

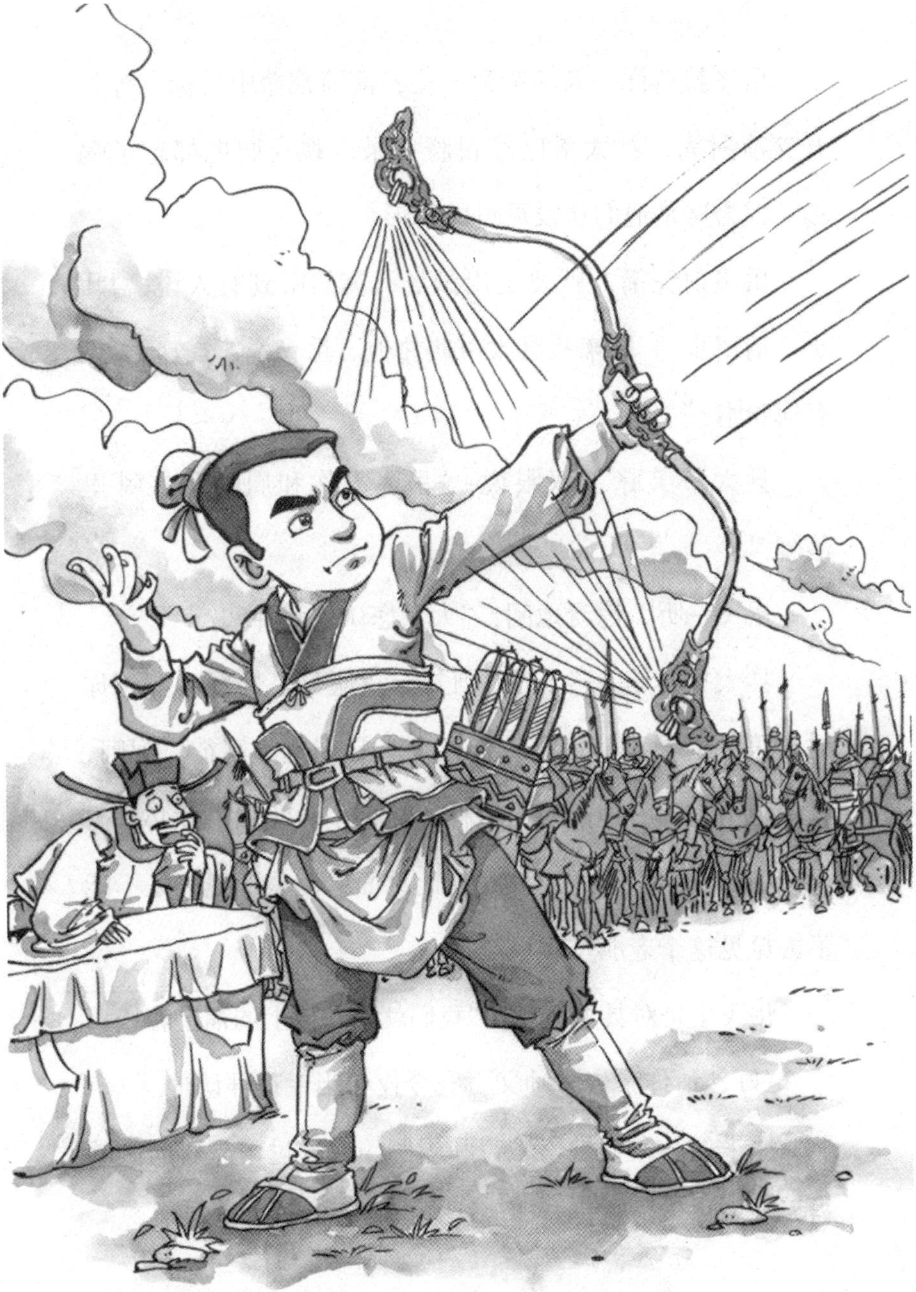

岳飞就这样一箭一箭射出去，箭箭都命中目标。等到五支箭射完，县太爷已经目瞪口呆，观众们也都忘了喝彩，因为这是他们从没见过的情形。

岳飞射完箭，就要走出试场，突然听到有人说："壮士，请留步。"原来是县太爷叫住他。岳飞说："敢问大人有何吩咐？"

县太爷笑眯了双眼说："岳飞，你和周师父在哪里落脚？"

岳飞一听，惊讶地问："大人您认识我师父？"

县太爷哈哈一笑说："刚开始我还只是怀疑，等到你射出第一箭，我就肯定你们几个必是周侗的高徒。呵呵，普天之下也只有他能教出这样的徒弟了。我知道他必是碍于比赛的场合，不愿意和我在此见面，但是，我倒是不能不去见见这个老朋友啊！"

岳飞于是对县太爷说："我们就住在街上的福星客栈。"

"好，请你禀告你师父，我今夜必当专程拜访他。"

原来这县太爷姓李，曾和周侗一起参过军，对周侗的为人处事相当敬重，对他的武功更是佩服得五体投地。

那天晚上，两位老朋友少不了叙旧一番。李知县对周侗说，今天比试的成绩，岳飞等人几乎包了前几名。王贵等人听了都雀跃万分。

李知县趁此机会，向周侗夸奖道："周兄可真是名师出高徒，调教出岳飞这样的青年才俊，将来必定青出于蓝更胜于蓝。"

周侗听了微微一笑，说："李兄过奖了，得天下英才而教之，不正是我这老头唯一能为国家做的吗！"

李知县再把岳飞从头到脚仔细端详了一番，笑眯眯地对周侗说："你这好徒弟今年几岁了？订过亲没有？"

周侗想了一会儿，说："岳飞今年十七岁，倒没听说家中为他订过亲。"

周侗转头向在一旁看书的岳飞示意，岳飞点点头。

李知县看见岳飞点头，满心欢喜地说："小女李华今年也已经十六岁，至今未许配与人，我斗胆请周兄做个媒，让两人结成连理如何？"

周侗听了也很欢喜，说："好主意，我回去就向岳飞父母提这门亲事。"

这一夜，周李二人把酒言欢，聊到现今朝廷被奸臣蔡京等人把持，皇帝耽于逸乐，不理朝政。北方金国屡犯边境，宋朝可说是岌岌可危了。

"唉！我们都老了，国家的未来就靠这些年轻人了！"周侗叹了一口气。

两人不约而同地转头看向岳飞，对眼前这个年轻人都抱着无限的希望。

周侗带着岳飞等人回家后，将比试的结果告知岳飞父母，岳和夫妇都感到非常欣慰，一再感谢周侗的教导。周侗将李知县要把千金许配给岳飞的事也说了，并一再解释李华虽然贵为知县千金，性情却贤淑温柔。姚氏庆幸儿子能有这样的福气，夫妇两人一口就答应了这门亲事，立刻择定一个好日子，为两人完婚。

李华自从嫁到岳家，每天担负起家中事务，晨昏定省，对岳飞父母十分孝顺，对丈夫也非常敬爱。

婚后第二年，李华为岳飞生了一个男孩，取名为岳云。

9. 严师骤逝·遗授兵书

岳云出生的第二年，周侗突然身体不适，看过很多医生都没改善。周侗长久卧病在床，自知无药可医，毕竟自己已经是个接近八十高龄的老人了。岳飞为了师父的病，终日留在师父身边照料，不敢离开。岳和夫妇和王贵、张宪、汤怀等人也常来探望，但是看着周侗的病情一天天地恶化，大家也只能祈求老天保佑了。

有一天，周侗撑着最后一口气，把岳飞叫到病床前，说："飞儿，我知道自己命不久矣，但是有一件事一定要交代你。你跟我学武念书多年，最重要的目的可不是在这乡间舞刀弄棍。你也该出去为国家做点事了。你将来必是个统领千军万马的人才，师父给你的《孙子兵法》你要详加研读，对将来行军布阵大有用处……"

"师父！师父！"岳飞一直呼叫，周侗话未说完就昏睡

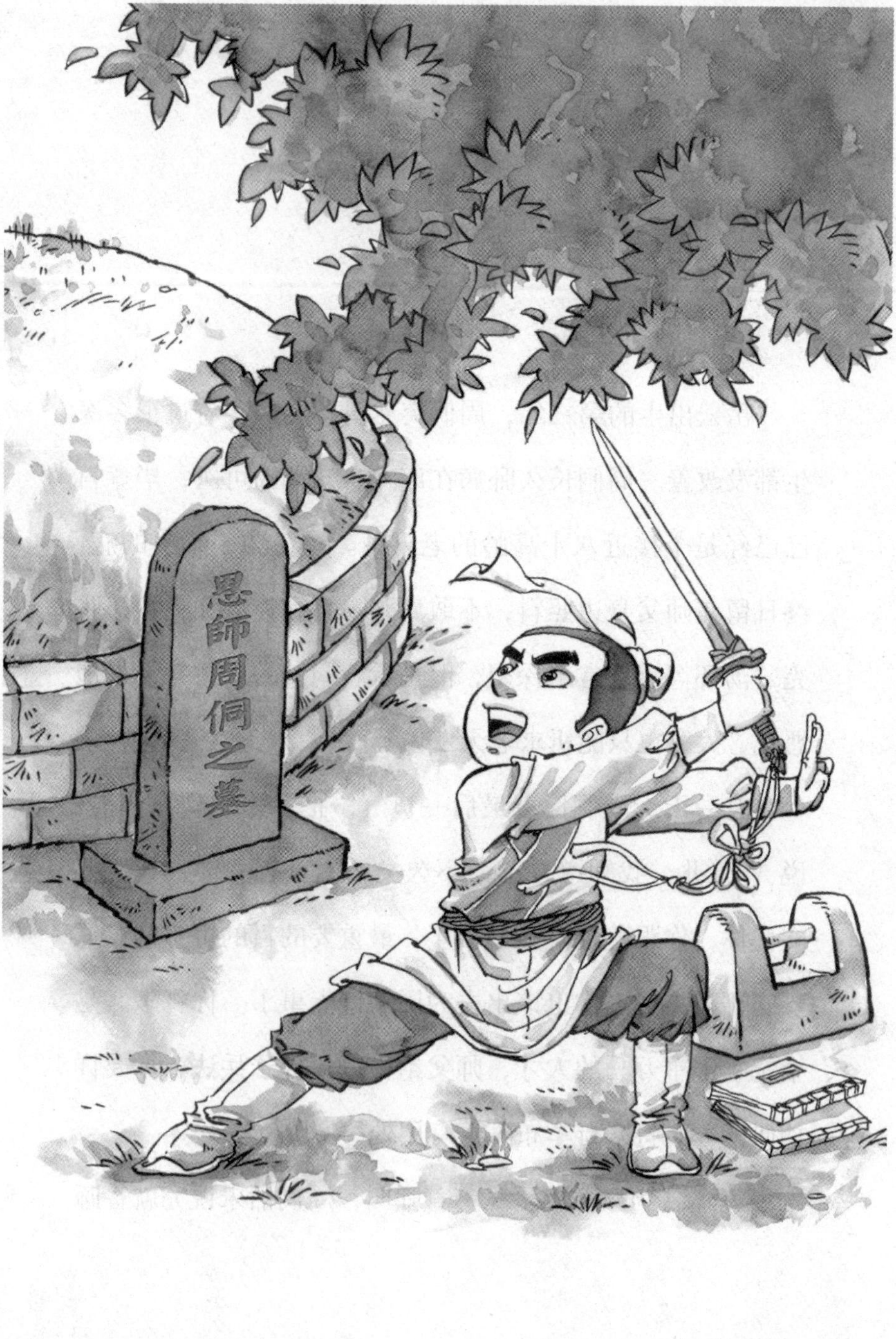
恩師周侗之墓

过去了。

隔天,周侗终因病情恶化离开了人世,弟子们合力将周侗葬在汤阴县的村郊。

自从恩师去世,岳飞日夜守墓。半年守墓的日子里,岳飞苦练师父教的各项武术,苦读师父留给他的《孙子兵法》。他想着师父临终前交代的话,心中已经有了将毕生所学报效国家的打算。

这时宋徽宗重用奸臣蔡京、王黼做宰相,太监童贯、梁师成等人也都在朝廷担任重要官职。这些人最会巧立名目,搜刮民脂民膏,压榨百姓劳力。为了讨皇帝欢心,他们在宫廷打造各种奇花异石的景致,特别是假山石,往往重达好几万斤。在那个交通不便的时代,硬要用人力车船,从两三千里外的江浙一带搬运到京城,这是多么耗费人力的事!每次所征调的民夫动辄在万人以上。童贯、蔡京、梁师成、李彦、王黼、朱勔等人搜刮全国财富,以供他们自身的荒淫享受,闹得田地荒芜,民不聊生,加上年年的大水灾,百姓怨声载道。由于无法应付官家的压榨,有的人只好落草为寇,成为打家劫舍的盗贼。

10. 初次从军·首战立功

徽宗宣和四年（1122），盗贼四处流窜，抢劫百姓，危害各地的安宁。朝廷派刘韐为真定宣抚使①，领兵剿灭盗贼。但是因为兵源不足，只好向各乡镇招募勇兵。

岳飞知道了这个消息，想起师父交代的遗言，很想报名从军，参加剿匪大军的行列。但是，孝顺的岳飞又想起双亲已经年老，儿女还幼小，实在舍不得离开父母妻儿。

有一天，王贵和张宪、汤怀等师弟跑来找岳飞。

"师兄，我们男子汉志在四方，现在朝廷正在招募勇兵，不去试试机会，还要等到何时？"王贵说。

"对呀！如果我们整天留在这里，无所事事，一日复一日，师父地下有知也会大失所望的。"汤怀也说。

---

① 宣抚使，意为剿匪总指挥。

一听到汤怀提起师父，岳飞感到惭愧不已，其实他心里比他们更在意。岳飞叹了一口气说："这个道理我怎么会不知道？只是我放心不下一家老小。"

想不到，他们这些话被岳飞的父母听见了。岳和走进来，对大家说："刚才王贤侄和汤贤侄说得对，飞儿，你们尽管去从军。只要你们平定盗贼，报效国家，朝廷必会重用你们，不但光耀门楣，也不愧对周师父在天之灵了。"

"只是孩儿不孝！"岳飞说。

姚氏也安慰岳飞说："你不必担心家中的事，有你的好媳妇照料，你就放心为朝廷出力去吧！"

听到父母这么说，岳飞终于放下心来，说："孩儿遵命，还请爹娘保重了。"

这时候，岳飞的长子岳云已经四岁，长女安娘也一岁多了。岳飞远行前告别妻儿，一再嘱咐妻子李华："家中大小事一切靠你了。"

李华鼓励丈夫说："你放心去吧！这都是我应该做的。军中一切要小心。"

岳飞纵然有百般的不舍，还是下定决心，带领师弟们从军去了。他们连夜赶路，很快就到达了真定府，向招募勇兵的单位完成了报到的手续。

宣抚使刘韐在竞技场上点阅了新兵的体格和武艺。他早就听说来自汤阴县的岳飞身手不凡，这次亲眼见到岳飞在竞技场上表演了骑马射箭的功夫，立刻任命他为新兵的队长。

刘韐对其他的部属说："岳飞武艺高强，又懂得不少书中的道理，是一个带兵的人才。"

岳飞当上新兵队长，专门负责训练管理新兵。他的目标就是训练一支纪律严明的队伍。

经过三个月的训练，岳飞已经把一批新兵训练成骁勇善战的勇士，大家都盼望早日上战场杀敌。这时邻近的相州府传来告急的文书，相州知府在文书中写着："陶隽和贾进和领一批匪徒占据山头，到处烧杀掳掠，残害百姓，偷袭官兵，请刘大人速派援兵剿灭二匪。"

岳飞知道这个消息后，向刘韐请示说："大人，让我带百名新兵，前去剿灭陶隽、贾进和这批盗贼。"

刘韐半信半疑地说："百名新兵会不会太少了？"

其实岳飞早就想试试自己这段时间训练的成效,他对自己非常有信心。岳飞回答说:"擒贼先擒王,只要集中兵力生擒陶贾二人,其他乌合之众自然会溃不成军。"

刘韐也想利用这次机会考验一下岳飞带兵的能耐,就爽快地答应说:"好,就拨给你一百名新兵,祝你一战成功。"

第二天,岳飞挑选了一百名训练精良的骑兵来到相州。他先到盗贼所在的山下了解地理环境,发现盗贼的根据地山势雄伟,草木茂密,易守难攻。岳飞马上选派几名机灵的士兵,假扮成过路的旅客和商人。果然,贼兵抢走了他们的财物,还强迫他们留在山寨里充当喽啰。岳飞的部下就这样顺利地混进贼窝,成为岳飞攻破山寨的内应。

岳飞立刻召集部队准备进攻山寨。他吩咐所有的士兵埋伏在山下的山沟里,自己则带着十几名士兵,大声呐喊着攻上山头。

山上的喽啰听到山下呐喊的声音,赶紧向陶隽和贾进和报告:"官兵攻上来了!"

陶隽站到了望台一看,大笑着说:"十几个官兵也敢上来找死!你们看我如何生擒这些家伙吧!"

陶隽和贾进和根本不把岳飞几个人看在眼里，还想在部下面前炫耀自己的本事，于是亲自出马，准备活捉几个官兵来耍威风。

陶隽快马奔到了岳飞面前，吆喝说："我看你们还是投降吧！别做了我刀下的亡魂！"

岳飞不作声，朝陶隽杀了过来。

"冲呀！杀呀！"双方的人马虽少，却也喊声震天。

战了几个回合，岳飞故意且战且走，一副手忙脚乱的样子。陶隽等人看了在心里发笑："官兵真的没人了吗？竟然派出这种笨手笨脚的人！"

"追呀！"贾进和在后面发令，岳飞一帮人头也不回地猛逃。

陶隽追到山下，就要一枪刺到岳飞的后背，想不到岳飞突然掉转马头，挡开陶隽的长枪，对山沟大声喊道："弟兄们！杀出来吧！"

潜伏在山沟里的官兵杀了出来，陶隽和贾进和顿时乱了阵脚，他们进无步、退无路，被岳飞的人马团团围住。贼兵看到首领被困，只好缴械投降。陶隽和贾进和也只得放下兵器，束手就擒。

岳飞以百人新兵收服盗贼的消息传回相州，百姓都欢欣鼓舞。相州知府王廷亲自出城迎接岳飞凯旋归来，并大大地称赞了岳飞一番。

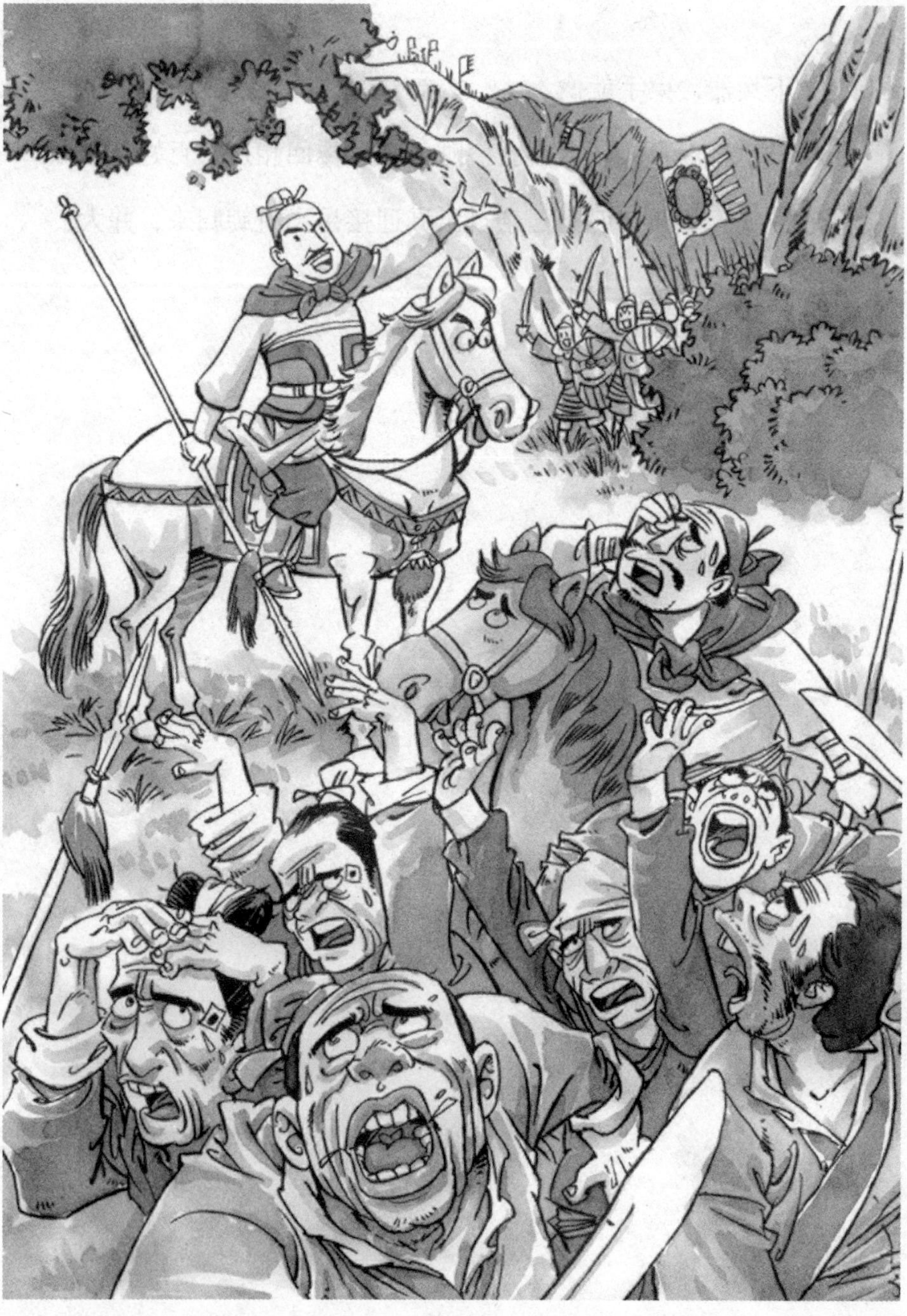

11. 慈父仙逝·严母刺背

岳飞初次上战场就赢得漂亮的一仗，使得刘韐更加器重岳飞，命他把已收服的贼兵训练成国家可用的精良军队。

正当岳飞在相州干得得心应手时，从汤阴的家里却传来不幸的消息。妻子李华来信说："父亲病逝，赶快回乡。"岳飞连信都未读完，已经痛哭出声："爹……"

刘韐知道岳飞丧父的消息，亲自到岳飞营帐中安慰他，并准许岳飞请假，让他赶快回乡奔丧。

岳飞快马加鞭回到汤阴的老家，一进家门，双腿一跪，哭倒在灵前："爹！不孝儿回来晚了！"

岳飞一直责备自己不该逗留在外，连父亲最后一面都没见上。就这样，因为哀伤过度，岳飞一连三天都没进食。母亲见岳飞这样悲痛，不停地劝慰："孩子，你注意身体啊！听说现在朝廷正遭逢内忧外患，你饿坏身体，怎么能够剿匪抗敌！不要忘了你师父临终时对你的交代，也不要忘记你父亲生前对你的期待。家痛可忍，国家之痛不能忍。我希望你养好身体，再回营为国效命去。"

岳飞听了，惭愧地说："娘教训得是，我会谨记在心的。"

岳飞从这天开始恢复了正常的饮食，陪伴家人，把父亲的丧事料理妥当。

岳飞向母亲报告了在刘韐手下平定盗贼的事情。姚氏听了感到非常欣慰，沉思了一会儿，对岳飞说："飞儿，你领军在外，能够竭力报效国家，那自然是对国家尽忠、对父母尽孝的表现。但是，现在国家的形势非常危急，我怕你意志不够坚定，临阵退缩。你这就去预备香烛，娘想做一件勉励你的事。"

过了一会儿，姚氏带着媳妇李华从屋里走出来。她先在祖宗牌位前上香，然后要李华备好笔墨，叫岳飞跪在香案前，将上衣脱去，露出脊背。

姚氏解释说："为了坚定你报效国家的意志，也为了

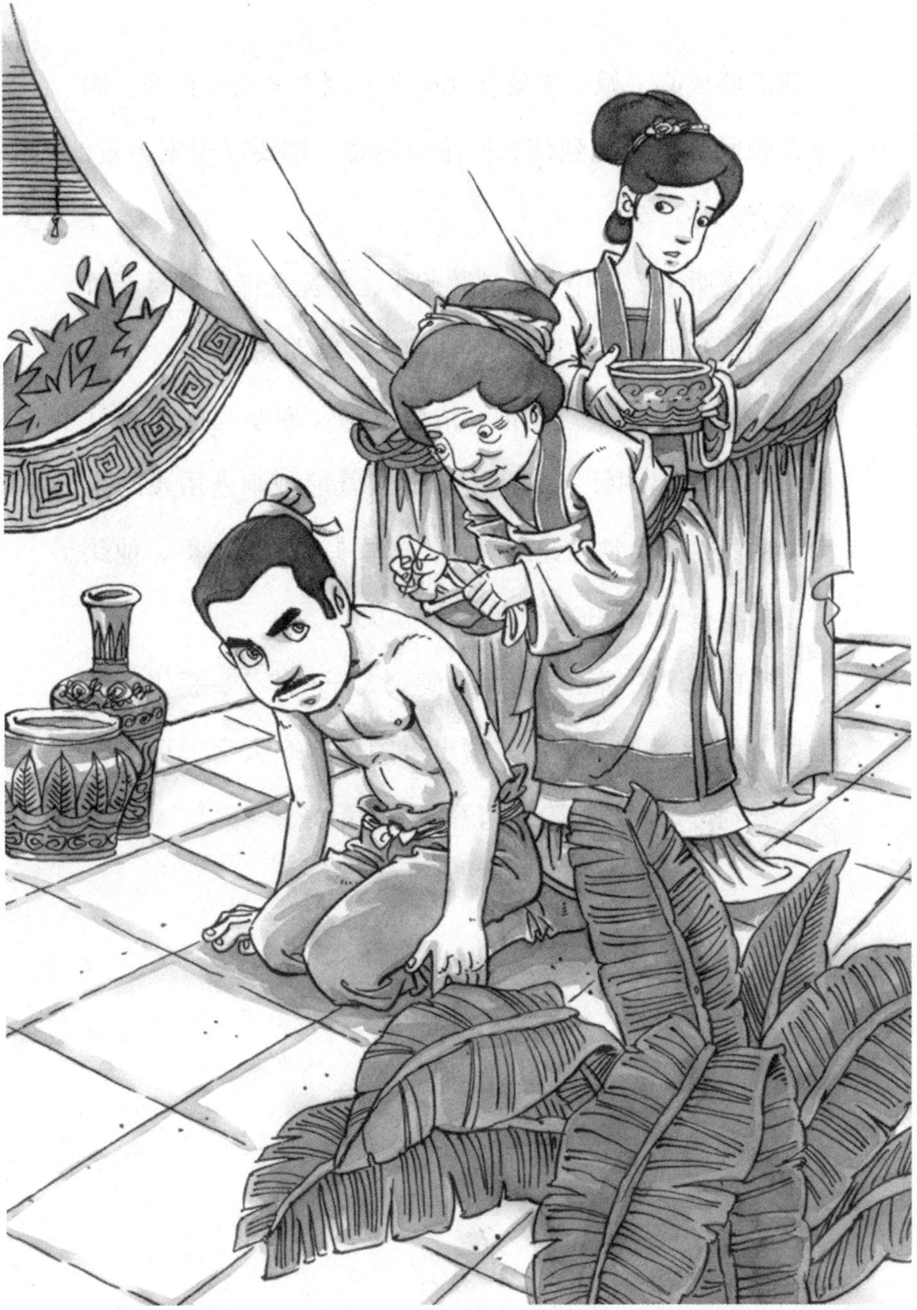

让我能够放心,娘今天就在你的背上刺上'精忠报国'四字,勉励你无论遇到什么困难与诱惑,都要以国家为重,不能有二心。"

岳飞听了,心中不禁沸腾起来,他完全能了解母亲对他的期待和训勉。他回答说:"娘,孩儿明白。"

姚氏拿起笔来,先把"精忠报国"四字写在岳飞背上,然后拿起刺针,一针一针地照着笔画刺进岳飞的皮肉。岳飞是一个铁铮铮的汉子,连眉头也不皱一下,他此时想的只有今后如何努力不让母亲失望。

姚氏费了一番工夫,刺得满头大汗。终于,岳飞的背上留下了永远抹不掉的"精忠报国"四个大字。岳飞转头,看到母亲两眼隐隐地闪着晶莹的泪光。

12. 靖康之难·急赴沙场

本来岳飞想多留几天，在家乡陪伴母亲和妻儿，但是从相州传来了紧急的消息：汴京城被攻破了，徽、钦二帝被金兵所掳。

原来，宋长年受到北方辽的侵略，过着割地赔款求和的日子。宋原本的计划是联合东北的金，分头来攻打辽。想不到宋这一边打了败仗，而金在完颜阿骨打的领军下却节节胜利，一举灭了辽。金也因此看出宋的积弱不振，取代了强悍的辽后，挥军南下，攻破了宋的皇城汴京。无能的徽宗只好传位给太子钦宗，并割地赔款，尊称金的君王为伯父。原以为可以求得一时的和平，想不到第二年，也就是钦宗靖康元年（1126），金兵再度南侵，攻破汴京，掳走了徽、钦二帝及皇族三千多人，宫中的珠宝也被搜括一空。金太宗正式宣布宋灭亡，并扶植投降的大臣张邦昌作为傀儡皇帝，统治原来宋的土地。

皇族之中只有康王赵构逃过一劫。当汴京尚未被金兵攻破之时，康王领兵在外，钦宗命令他为兵马大元帅，快速召集全国各地的援军，来解救京城的危难。可是康王的兵马还没赶到京城，徽、钦二帝就已经被金兵俘虏了。

岳飞听到这些不幸的消息，拜别了母亲，一路快马，回到相州向刘韐报到。

刘韐见到岳飞回营，雀跃万分，因为岳飞回乡的这段时间，让他好像缺了一只手臂一般，诸事不顺。

"岳飞，你回来得正好，徽、钦二帝被掳的事你应该早知道了，现在康王正驻扎在我们相州，快跟我去见他。"

康王这时候正需要招募一些替国家出力的英雄豪杰，他一来到相州，就听刘韐向他报告过岳飞平定盗贼的事，急着想见见这位年轻人。

"你就是擒服陶隽、贾进和的岳飞？"康王一见到岳飞，就非常欣赏那威武英挺的仪态，又听取了岳飞对行军打仗的一些兵法理论，更是十分惊喜。他一眼就看出岳飞是一个千古难逢的将才，于是把岳飞留在身边当贴身护卫,平日可以保护自己,战时又可以命他领兵作战。

岳飞见到康王没几天就面临了一次考验。原来相州附近的丘陵地带最近又出现了一批盗贼,经常骚扰百姓,危害地方的治安,更可能危及康王的安全。盗贼首领叫吉倩,武艺高强,从不把官兵放在眼里。

"岳飞,本王想命你领兵剿灭吉倩这批盗匪,将吉倩的项上人头提来见我,你可愿意?"康王试探岳飞说。

岳飞回答:"听说吉倩这帮人个个骁勇善战,杀了他们太可惜了。"

"你的意思是……"康王一时不明白。

"现在国家面临金的威胁,正是需要用人的时候,如果能将吉倩这帮人改编成官军,说不定将来也可以成为抗金的主力。"岳飞解释说。

"好!就照你的意思去办。"康王暗暗佩服岳飞的远见。

13. 收服吉倩·如虎添翼

岳飞在康王前领了军令,即刻率领一百名骑兵到了贼窟外的山丘下。岳飞先命令部下通通下马在树林里休息,自己带了五名贴身侍卫,直奔山寨。

岗上的山贼巡逻早就发现了岳飞六人,大声吆喝:"来人下马!"

岳飞在马背上高声地回应说:"我是康王的护卫岳飞,快叫你们首领出来见我。"

"岳飞?"喽啰们早就听过岳飞的大名,吓得赶紧回寨向吉倩报告。

吉倩听说岳飞来到山寨门口,就提着长枪出来了。

"你就是岳飞?"吉倩问。

岳飞从容地回答说:"正是。大元帅是大宋现在唯一的皇族命脉,他派我来召你们归顺朝廷,大家一同为国家效力。你吉倩也算是绿林中的一条好汉①，何不与我一起到前线去杀敌，收复我大宋的江山，怎可留在此地残害自己的同胞！"

吉倩听了岳飞这一番话，暗暗佩服岳飞的胆识和忠义的精神，却也不想轻易地被官府招降。吉倩心里想："早听人说岳飞武功和才德兼备，我何不试试他的武艺？我可不会服从一个武艺不如我的庸才。"

"好！只要你岳飞能胜过我，我就随你归顺朝廷。"吉倩说着，纵马举枪朝着岳飞冲了过来。

岳飞早料到吉倩不是一个肯轻易屈服的人，举着长枪挡了过去。

"锵——锵！"两支兵器相交，迸出火星。吉倩觉得手臂一麻，被岳飞一枪震得隐隐作痛，心中暗感不妙："岳飞果真是个强敌！"

吉倩使尽全力，岳飞轻松应战，游刃有余。打了几十

---

① 西汉末年，一群饥民以湖北当阳绿林山为根据地，组成"绿林军"，以反抗王莽政权，所以人们用"绿林好汉"来指称聚集在山林中反抗统治者的武装群众。后来则泛指聚集于山林中的强盗。

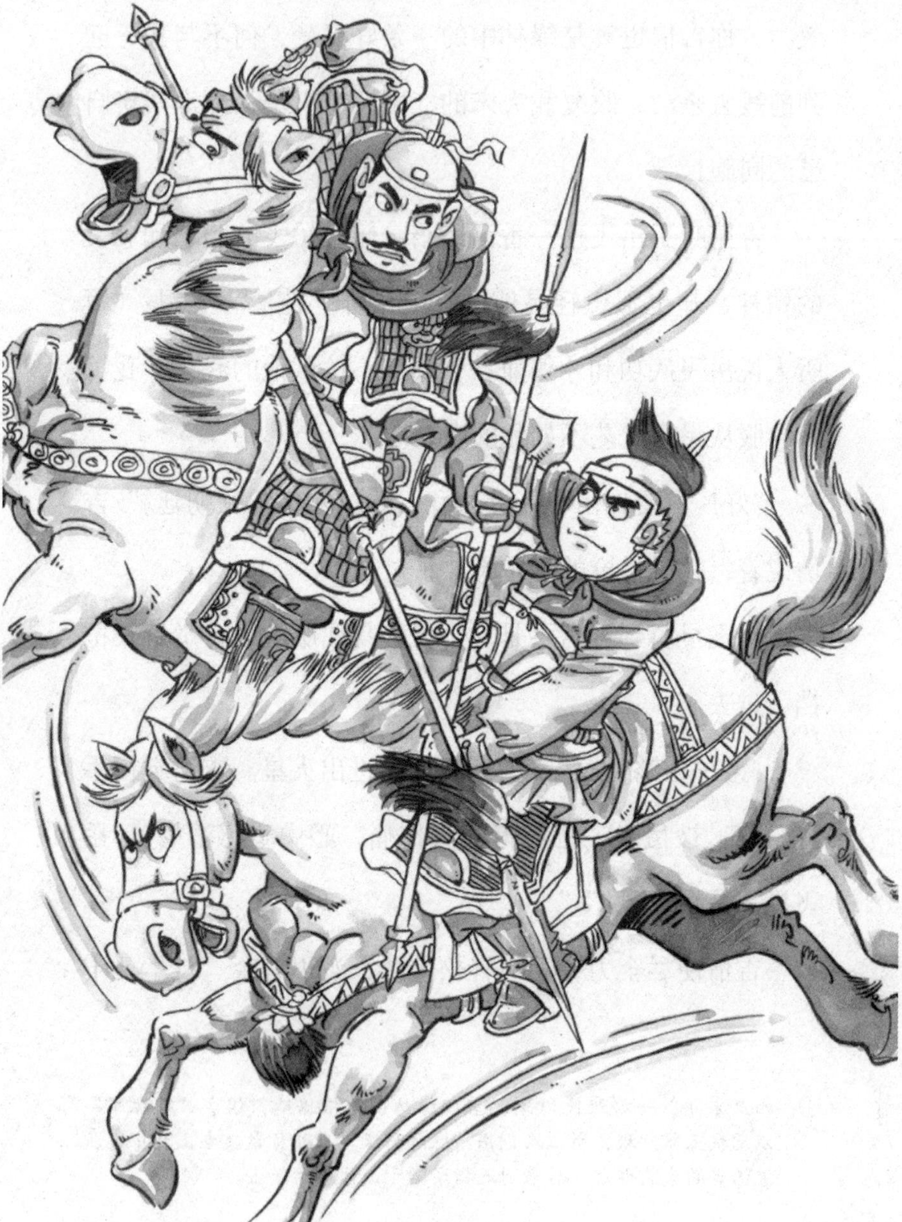

个回合，吉倩已是汗流浃背，无力招架。他发觉岳飞枪下处处留情，除了佩服岳飞的武艺高强，更感激岳飞为人厚道，为他留下一点颜面。

终于，吉倩收枪喊停，跳下马来说："岳飞，我承认自己失败了，愿意听你的。只是，我们这些弟兄过去做了太多坏事，官府怎么可能就这样一笔勾销？何不这样，你到我们山寨来当我们的主子，我们所有兄弟都听你的。"

岳飞听了，哈哈一笑说："我如果要当贼王，何须等到今日，早在收服陶隽和贾进和时就当寨主了。"

吉倩听了，低头沉思，还是有点犹豫。

岳飞说："你担心的问题包在我身上，我岳飞绝对保证大家的安全。现在金兵已经杀到我们大宋国境，要是大家只顾自己的利益，哪一天金兵来了，也不可能容许你们在这里占地为王。大家跟我一起投效康王，不但有个人的前途，也能好好干一番救国救民的大事业。"

吉倩又沉思了一会儿，才对岳飞说："好，你且在这里等一下，我回去和兄弟们说明白再回来。"

吉倩说着，掉转马头奔回山寨。王贵担心地说："这家伙会不会一去不回？"

岳飞笑了笑说："我不会看错人，吉倩不是背信的小人。"

过了不久，吉倩果然带着四百多名壮士，运着行李出来。其中有一名带着流星锤的壮汉叫牛皋，一看到岳飞就说："我倒要看看，是哪一位英雄让我们寨主这般信服。来，你我来比划比划。"话才说完，双锤就往岳飞打来。想不到岳飞不躲不闪，长枪一挑，使出了四两拨千斤的招式。牛皋的铁锤才和岳飞的长枪接触，就已经发觉不妙，千斤的力量好像全打在一团棉花上了。只见岳飞变了招式，枪头黏着流星锤不放。牛皋的流星锤越挥越快，却完全无法摆脱岳飞长枪的纠缠。

"怪了！怪了！有鬼！"牛皋又惊又怕。

岳飞见好就收，长枪一缩，直打牛皋的手臂，牛皋"啊"的一声撒了手，已经面如土色。

牛皋下马跪地，惭愧地说："不愧是大名鼎鼎的岳飞，我牛皋服了你，任凭你处置。"

岳飞高兴极了，也立刻下马将牛皋扶起："牛老弟，你的功夫也是了得，以后大家都是自己人了！"

四百多位兄弟目睹岳飞制伏了牛皋，知道岳飞确实是武艺超群的英雄，心服口服地跟随岳飞下山。

岳飞完成了招抚吉倩一帮人的任务，康王立刻封岳飞为承信郎①。王贵和牛皋等人却气得跳脚，说："以大哥的功劳，却只封这么个小官，真是欺人太甚！"

岳飞连忙安抚兄弟们说："大家稍安勿躁，等大家日后展现实力，再立大功，就不怕人家小看我们了。"

兄弟们听岳飞这么一说，才稍稍平息了胸中的怒气。

岳飞这次带回来的四百多条好汉也成了他身边最忠心的士兵。往后，他们就是追随着岳飞南征北讨、屡次重创金兵、名闻天下的岳家军。

---

① 承信郎，宋朝的武官分为五十二个阶级，承信郎是最低阶的军官。

14. 汜水一战・天下扬名

自从岳飞收服吉倩和牛皋这些绿林好汉后，也有了自己的部队。他带着这批部队跟着康王赵构到了应天府。国家不可一日无君，赵构就在群臣的拥戴下，于应天府登上宋朝皇帝的位子，就是历史上的"宋高宗"。这时各地勤王[①]的将领也陆续来报到，例如张俊、苗傅、杨沂中等，都成了扶持朝廷的生力军，高宗的气势一时壮盛起来，颇有中兴复国的气象。

在高宗底下，有一批主张积极整军经武、准备抵抗金兵收复失土的大臣。一个是宰相李纲，一个是兵马副元帅宗泽。高宗命令岳飞率领他的岳家军跟随宗泽和金兵作战。宗泽是一个大忠臣，自从二帝被掳，他就誓死主张带

---

① 勤王，为皇室尽力，或是在皇室危急时出兵救援。

兵北伐，救回二帝。宗泽第一次看到岳飞时，认为岳飞相貌非凡，个性耿直，觉得两人非常投缘，后来又知道岳飞是贫苦出身，对岳飞就更加欣赏了。

有一回，宗泽问岳飞："你学过兵法没有？"

岳飞回答说："我和周侗师父研读过兵书，略懂得行军布阵。但是我认为，兵书是死的，运用之妙要看个人以及当时的情况而定。带兵作战不能墨守成规，作战的时空环境随时会改变，重要的是因地制宜，出乎敌军的意料。"

岳飞的这番话让宗泽大为惊喜。宗泽原来以为，岳飞是一个没读过兵书的农家子弟，想不到对兵法有这么深的见解。宗泽暗想："我大宋终于有了一位抗金复国的良将。"

自从高宗登基后，宋军也越来越壮大。宗泽屡次建议挥军北上，把金兵赶回北方，收回失土。但是，高宗生怕惹怒金兵，再度引来金兵南犯，所以对北伐的事总是缺乏兴致。有一次，金兵大举来犯，被宗泽的军队打得落荒而逃。宗泽趁机建议高宗移驾汴京，以鼓舞汴京军民抗金的士气。想不到高宗却把驻扎地从应天府移往距汴京更远的大名府。

宗泽内心知道，高宗一心只想做个偏安的皇帝，没有恢复大宋江山的打算，内心非常沮丧。不久，金兵又发兵包围汴京。宗泽建议发兵救援，却遭到高宗身边一些大臣的反对。高宗甚至觉得宗泽总是和自己唱反调，干脆故意将他调远一点。

金兵因为吃过几次亏，知道不能和宗泽正面对抗，决定先发制人，以偷袭的方式渡过黄河，进攻汜水这个重镇。

宋军在汜水的防卫兵力非常薄弱，一下子就被金兵包围，眼看城门快被攻破，情况非常危急，汜水将领赶紧派人向宗泽求援。宗泽接到求援的文书，立刻将岳飞召到帐前，因为他考虑了很久，眼前只有岳飞能够胜任这项紧急的重任。

"金兵几千人马围困汜水，需要你去解围。你需要多少人马，我都拨给你。"宗泽说。

"我马上出发，只要给我八百名士兵就够了。"岳飞回答。

宗泽一听，很不放心地说："八百人够吗？"

岳飞神色轻松地说："兵在精，不在多。八百人已经绰绰有余了。"

救兵贵在神速，岳飞即刻在教练场上点兵准备出发。岳飞所选的都是亲自训练出来的士兵，包括吉倩、牛皋等人。

这次援救氾水，是吉倩等人被编成官兵后第一次出征。众人一听要到氾水去，非常兴奋，这段日子待在军营里，快闷慌了，恨不得立刻飞到战场上杀个痛快。岳飞也知道这些人的心情，不多逗留，日夜不停地行军，很快到达了氾水。

岳飞先将部队远远地驻在氾水外的山坡上，观察金兵围攻氾水的动态。

原来金兵仗着人多，采取急攻、速战速决的策略，想要一举攻下氾水城。但是城里的官兵都是宗泽亲自训练过的，尽管已经死伤大半，仍然继续顽强抵抗，他们深信宗泽不会放弃他们，援军很快就会到来。

岳飞在山坡上居高临下，看见金兵正运用云梯，像蚂

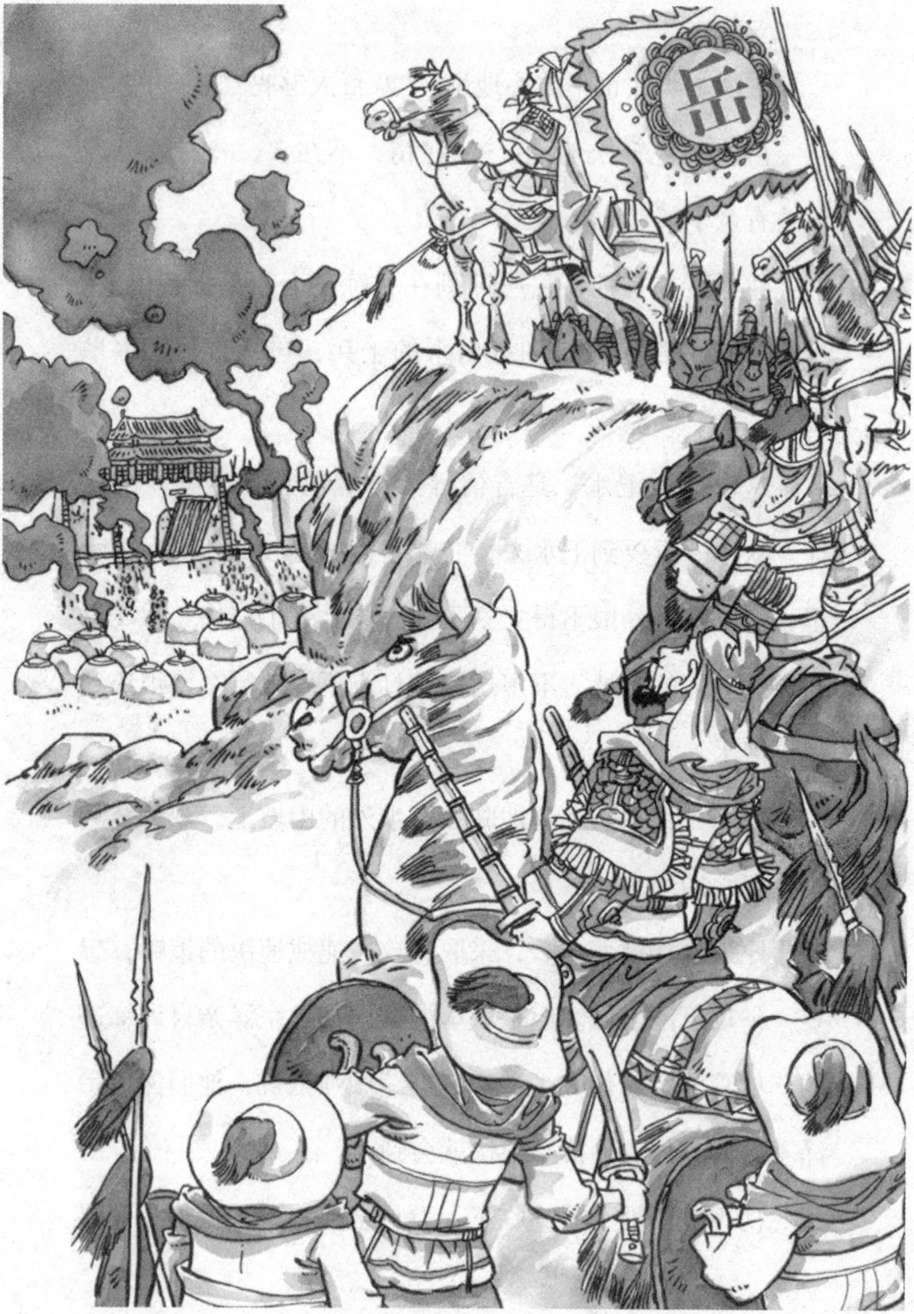
岳

蚁一样，一拨一拨地向城里猛攻，情况非常危急。岳飞立刻将官兵分成三支小队，王贵率领吉倩、牛皋三百人担任左翼；汤怀率领张宪三百人担任右翼；岳飞自己则带领两百人担任中路军直攻正面。

"杀！"岳飞一声呐喊，这支八百人的精锐部队已经从金兵背后冲杀过来。

正在攻城的金兵万万没想到，背后会杀出一支强大的宋军，顿时乱了阵脚。城里被围困的宋军看到岳飞的旗帜，知道援军已经到来，干脆把城门打开，全军奋力杀出。形势一下子改观，变成了宋军对金兵两路夹攻。混乱中，金兵根本不知道岳飞援军到底来了多少人，只听到喊声震天，金兵斗志已经丧失殆尽。

吉倩、牛皋这些人终于逮到了杀敌的机会，怎肯轻易放过，个个有如猛虎下山，勇往直前。金兵从没见过这么不怕死的官兵，吓得手脚发软，死伤惨重。

原来仗着人多的金兵首领，这时才发现这支援军非同小可，赶紧鸣金收兵。

可是，金兵已经来不及撤退了，因为岳飞立刻变换阵势，堵住金兵的退路，金兵全军覆没。

岳飞以八百精兵击败几千金兵的捷报传回了开封[①]，立刻震动了朝廷，岳飞也成了全国百姓口耳相传的大英雄。经过这一仗，金兵才知道宋军当中有一个善于以少击多的名将——岳飞。高宗对岳飞赞赏有加，将岳飞的官阶又升一等，成为"统制"。吉倩、牛皋等人也第一次获得了朝廷的官衔。

汜水一战之后，"岳飞"二字成了让金兵胆战心惊的名字；汜水一战也使得风雨飘摇中的宋朝转危为安。金兵吃了这一场败仗，才知道宋朝并非没有能人，他们对宋军开始戒慎恐惧起来。宋朝的局势总算获得了暂时的安定。

[①] 宋朝以开封为"东京"（今属河南开封），以应天府为"南京"（今河南商丘）。

15. 高宗畏战·宗泽病亡

金兵自从在汜水战败，便不再对宋朝发动攻击，高宗也大大地松了一口气。这时，宗泽就建议高宗应趁着官兵士气高昂的时候，迁都回开封。宗泽认为这时要是发动全国的军队，渡过黄河征讨金，必能收复黄河以北的失地，恢复宋的江山。

但是，一心只想偏安的高宗心想："只要金兵不再来犯我，我们何必去招惹他们。"再加上高宗身边一些大臣，如黄潜善、汪伯彦等人主张干脆和金国议和，两国休兵，岂不是天下太平！高宗不仅不接受宗泽的建议，还听从了黄潜善、汪伯彦的建议，不迁回开封，甚至要迁都到南方的扬州去。宰相李纲知道高宗要退到扬州，曾大力反对，但是仍无法改变高宗的决定。

就在这时,金国大将军兀术①已经准备卷土重来,从燕山出发,朝山东进兵。听到这个消息,高宗和他身边的奸臣们赶紧收拾行李,匆匆南下到风光明媚的扬州去了。

高宗"逃到"扬州的消息传到镇守在北方的宗泽耳中,他气得生出一场病来。对于高宗的懦弱,这位老臣实在有"恨铁不成钢"的愤慨。

宗泽因为忧国忧民,病情越来越沉重,他知道自己痊愈的希望渺茫,嘴里不停地喃喃自语:"国事如此,老臣无力回天啊!"宗泽终于一病不起,含恨去世。

金国大将兀术知道主战的宗泽已死,心中大喜。宋失去了一名大将,金兵更是肆无忌惮了。懦弱的高宗已经放弃了抗金的政策,只想赶紧找到一个安全的地方,安心地做皇帝。

岳飞知道高宗要把都城迁到南方,非常失望,认为高宗这样的决定等于放弃了中原,也放弃了救回徽、钦两位

---

① 即完颜宗弼,金朝大将,女真名兀术,是金朝开国君主完颜阿骨打的第四子,人称"四太子",是金的主战派,外号"常胜将军",也是对宋发动战争的主角。完颜氏,女真族的姓氏,翻译成汉语就是"王"。

皇帝的使命。因此岳飞上书说："现在各地勤王的部队集结在陛下的手中，正是出兵消灭金兵的时候。金兵长期以为我军软弱，我们就利用他们轻敌的心理，攻其不备，则收复中原、迎回二帝指日可待。现在陛下反而听从黄潜善、汪伯彦等人的意见，迁都到扬州，这是逃避复国责任的行为。希望陛下立刻下令，亲自率领我军北伐灭金，迎回二帝。"

高宗原本非常赞赏岳飞忠义的精神，但是看到岳飞奏书中"迎回二帝"四个字，就浑身不自在。黄潜善、汪伯彦两人非常清楚高宗的心思，早就知道高宗最忌讳人家提到"徽、钦二帝"，趁机对高宗说："若是真的迎回徽、钦二帝，陛下还有皇帝可当吗？"

高宗一听，紧张地问两人："那……这件事该如何处理？"

汪伯彦说："岳飞一个小小的武官怎么可以参议国家的大政！他的奏书已经越权，违反大宋的体制。陛下应该下旨革除他的官职。"

高宗听信黄潜善、汪伯彦的话，将岳飞革职为平民，连宰相李纲也不能替他说情。岳飞被革了官职，只好收拾行囊回到家乡，侍奉母亲，和一家妻小团圆。

家人虽然为他感到委屈，但是，岳飞长期领军在外，奔波沙场，也只有在这时才能和家人重温天伦之乐，对官场的起起落落，反而没有什么得失之心。

16. 被黜回乡·精忠不二

　　岳飞被罢官回乡，日子在平静中度过，很快地过了将近一个月。突然岳家来了一个陌生的访客，这个人自称刘一平。刘一平二话不说，叫随行的侍从拿出一个木盒子。打开一看，里头金光闪闪，竟是一堆珠宝。

　　刘一平将珠宝双手奉上，说："请岳兄收下，这是一点微薄的见面礼。"

　　岳飞吃了一惊，问："你这是什么意思？"

　　刘一平这才说："我就对岳兄老实说吧！我是绿林中人，我们寨主知道您遭到皇上的贬谪，很替您抱不平，所以才派我来敦请大哥您到山上来和弟兄们一同做一番大事业。"

　　岳飞听了，脸色大变，大声斥责说："你也太小看我岳飞了！我官可以不做，但绝不会做出对不起国家的事。

快把这些东西拿走,否则,我会立刻动手捉拿你去官府!"

刘一平还是不死心,说:"岳兄还是再考虑一下吧!现在的昏君不值得……"

刘一平话未说完,岳飞已经拍桌站起来,大怒说:"再不走,我只好动手了。"

刘一平看苗头不对,赶紧收拾珠宝,仓皇离开了。

姚氏在屋子里听见客厅的声音,出来问岳飞:"刚才那位客人是谁?你怎么对他发那么大的脾气?"

岳飞把刚才刘一平想收买他的事向母亲报告,姚氏听了,脸上露出欣慰的笑容,说:"飞儿,你今日能拒绝这些诱惑,果真没忘记你背上'精忠报国'四个字,没白费了我教导你的苦心。"

岳飞说:"娘,孩儿即使身无官职,仍然心系大宋的安危啊!"

姚氏听到岳飞这番话,想到岳飞这样待在家里也不是办法,不免面露忧色。岳飞看出母亲的忧虑,说:"娘别为孩儿担忧,只要朝廷有用到孩儿的地方,孩儿自当再赴沙场,为国效力。"

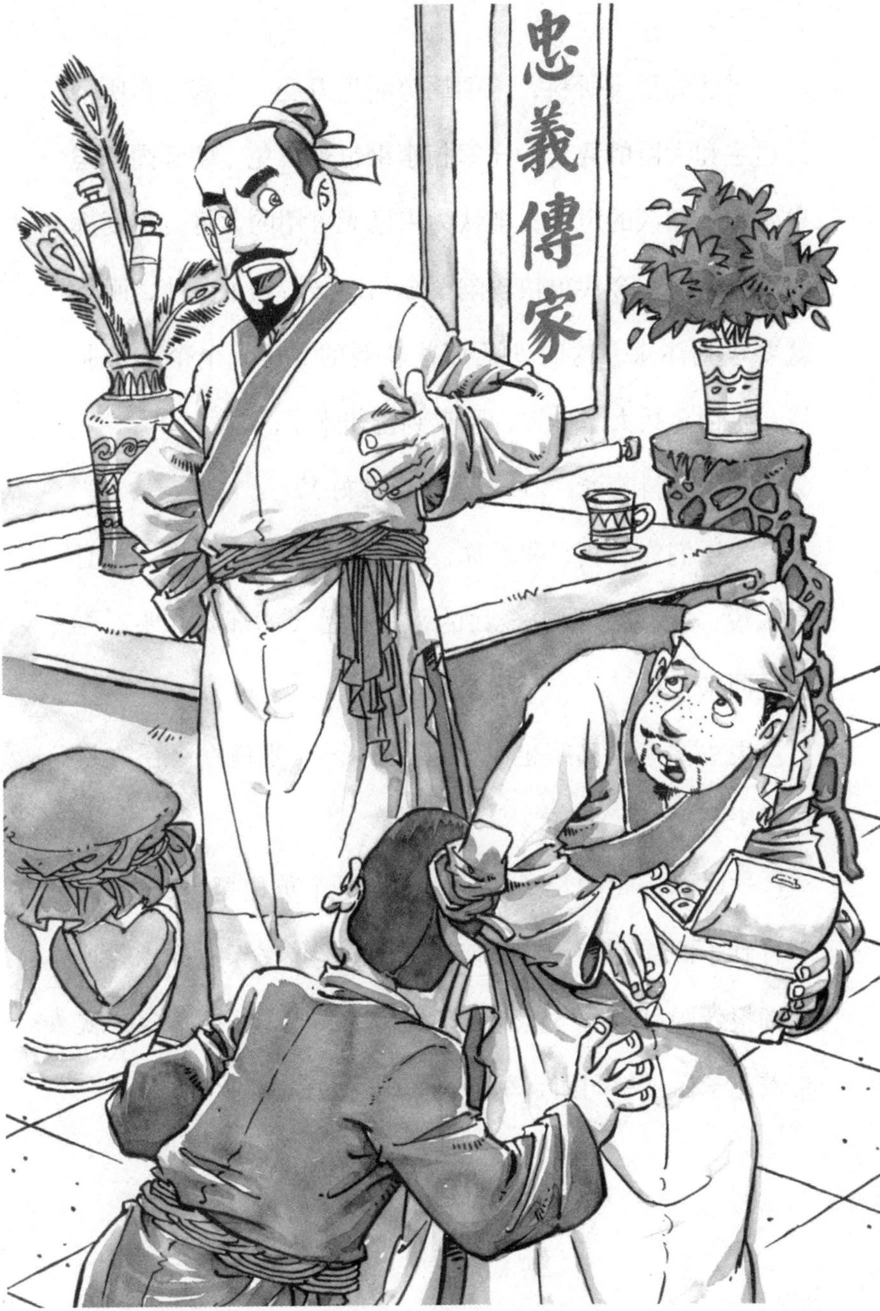
忠義傳家

果然如岳飞所料，宋朝局势瞬息万变。高宗一再听信身边主和大臣的谗言，连宰相李纲也被罢免。朝廷内都是主张和金和谈的声音，金认为宋已无可用的大将，再度挥兵渡过黄河。金兵很快攻陷了郑州，又占领了白沙，眼看就要攻到汴京。这时朝廷那些软弱的大臣，个个心惊胆战，生怕金兵大军一挥，又攻到扬州来了。

高宗颤抖着说："现在怎么办才好？"

大臣们你看我、我看你，没有一个能拿出主意。这时有人说："我朝大败过金兵的，只有岳飞的部队，要不再叫他回来？"

失去主意的高宗也只好赶紧下令："那就命令岳飞尽快回来吧！"

这时，岳飞的长子岳云早已经是个英俊挺拔的少年，平日勤于锻炼武艺，希望有朝一日也能像父亲一样，驰骋沙场报效国家。岳飞接到高宗的命令，知道扬州危急，就带着儿子岳云一同回到军中，为国家效命。

17. 再度领军·护卫朝廷

因为宗泽已死，所以朝廷把岳飞所属部队通通归在杜充手下。岳飞接到朝廷的命令，立刻快马赶赴沙场报到。

杜充命令岳飞率兵阻挡金兵。岳飞和金兵在竹芦渡对峙三天三夜，一时分不出胜负。一天夜里，岳飞派出三百名善于偷袭的精兵，每人带着两捆干草，草上浇过油脂，就在金兵驻扎的山坡外，远远地将火点着。金兵看到熊熊的火光，以为宋军大队人马就要攻来，赶紧撤兵，不战而逃。

金兵虽然被岳飞吓退，但是另一股以王善、曹成、孔彦舟为首的势力却领着五十万部众，朝着杜充的部队攻过来。

杜充一听到对方有五十万人，吓得全身发抖，不敢出兵。

岳飞自告奋勇地说:"这些乌合之众就让我出去收拾吧!"

贪生怕死的杜充见到有人愿意出马,求之不得,就答应了岳飞的请求,但是也不愿意拨给岳飞太多的兵马,岳飞只好以他的八百士兵出去应战。

岳飞告诉他的部队说:"你们不要看他们人多,其实都是一些没有经过严格训练的人,只要我们先击垮敌人的主力,其他的就会立即崩溃。我做先锋,你们跟着我来吧!"

说着,岳飞纵马奔腾,只身冲进敌军的阵中,他的刀枪挥过之处,尽是哀声遍野。岳飞的部队看见主帅如此英勇,士气大振,也跟着杀了过去。金兵看到这群不怕死的士兵,都吓呆了,纷纷丢下军械,逃命去了。

如岳飞所料,王善这五十万大军真是不堪一击,兵败如山倒,在岳飞的追击之下,逃得所剩无几,岳飞也因而收复了不少城镇,百姓恢复了安宁的生活。

从此,饱受盗贼和金兵肆虐的各乡镇,只要听到岳家军到了,都欢欣鼓舞地将食物拿出来劳军。但是岳飞却命令部下，不可收取百姓分毫，因为他认为保卫百姓本就是官兵的责任。岳家军也因此越来越受百姓们的爱戴。岳飞成了宋朝少数受到百姓敬爱的将军之一。

然而，就在岳飞奋力打退金兵、平定各地盗贼的时候，宋高宗却还是不忘继续做个贪图安逸的皇帝。自从宗泽去世，高宗也就完全放弃了抗金的政策，只知道带着家眷和朝廷百官继续往南逃。高宗从扬州逃到镇江，再从镇江逃到杭州，甚至一度从杭州逃走，打算逃到海外去避难。

当时宋军的总指挥杜充看到金兵强大的部队一拨拨地开进中原，就想放弃原来坚守的汴京，跟着朝廷退到建康①去。岳飞赶紧力劝杜充说："不可轻易放弃汴京，一旦汴京让金兵占领，他们的后援将毫无阻碍，金兵就会源源不断地进入中原。汴京是切断他们后援的要塞，一旦失守，大宋将永无宁日。"

当时，整支宋军可以说是士气低落，"闻金丧胆"。杜

---

① 建康，今南京。

充只顾自己逃命,哪听得进岳飞的话。碍于朝廷的形势,岳飞这支可用的部队只好保护着朝廷继续向南方撤退。

正如岳飞先前的判断,杜充弃守汴京,金国大将兀术率领三十几万的部队,已经势如破竹地攻到了乌江边。前方的探马回来向杜充报告:"金兵已经逼近乌江,建康危险了!"

接着又有侦察兵回报:"镇守江州的刘光世已经弃城,逃回建康了。"

一连串的坏消息让杜充听了脸色发白,四肢发抖,不敢出兵反击。岳飞向他建议说:"大人,您应该到前线去鼓舞我军的士气,我们好好地打一场保卫战。"但是,早就吓破胆的杜充怎么敢出去?直到金兵已经快渡河了,他才派出陈淬和岳飞率兵去阻挡,并且加派王燮领两万兵马在后支援。

正当岳飞和陈淬就要击退金兵时,王燮竟然怯战,领着两万兵马向南逃去。这一改变让岳飞部队的后方突然出现了缺口,金兵迅速包围过来。陈淬不幸战死,建康也落入了金兵的手中。岳飞不得已只好带着部队退到建康东边,重新整顿兵马,等待时机再出击。

但是,就在岳飞等人撤退的时候,担任宋军总指挥的杜充接到了兀术将军的信,信里说:"你带兵投降,我就封你做宋的皇帝。"

贪生怕死的杜充禁不起诱惑,带着全家大小和金银财宝,向兀术投降去了。岳飞听到这个消息非常气愤。对高宗当初让宗泽忧愤而死,又罢了宰相李纲,重用杜充,以致造成今天这样的局面,岳飞内心有说不出的愤慨。

宋军不停地撤退,金兵在后面穷追不舍。金兵大统帅兀术看到宋军不战而逃,以为自己在中原已经所向无敌,一心只想赶快追上高宗,活捉这个懦弱的皇帝。兀术万万没想到,宋军当中还有一个岳飞领军在后,骁勇善战的岳飞就让这位金国名将栽了一个大跟头。

18. 用计反间·大败兀术

岳飞知道兀术在后面苦苦追赶,好像不把高宗逮到绝不罢休。岳飞这时已经决心给兀术来个迎头痛击。岳飞带着他的八百名精兵,来到了八盘山,发现这座山形势险要,最适合布阵偷袭。这时一个斥候兵[①]报告说:"兀术的部队已经进入八盘山了。"

岳飞一听大笑说:"哈!就怕你不来!"

岳飞派出弓箭手在山坡两边埋伏,然后派吉倩和牛皋去向兀术叫战,他嘱咐两人,只许战败,不许战胜。吉倩和牛皋虽然不甘愿,但也只能听命行事。

兀术十万大军,由前锋官粘罕率领,正要杀往建康活捉宋高宗。他们刚进驻八盘山,就发现吉倩和牛皋两支人

[①] 斥候兵,被派去潜伏在敌军附近,侦察敌情的哨兵。

数奇少的部队，认为这些兵不堪一击。粘罕就派出金牙忽和银牙忽两位大将，带领五千金兵，往宋军冲杀过来，高喊："杀了这些南蛮子！"

吉倩和牛皋看到金兵杀过来，也是怒气冲天，拿起双锤高声喊："锤死你们这些番兵！"

两军交战，虽然金兵在人数上占了极大的优势，但是牛皋等猛将一点也不怯战，杀红了眼，金兵在他们两人横冲直撞下，死伤累累。但是吉倩在这时对牛皋使了一个眼色，提醒牛皋遵守岳飞的命令：只能战败，不能战胜。牛皋憋了一肚子的气，带着手下，掉转马头往山里逃去。金牙忽和银牙忽两名将领，哪知道这是岳飞"引君入瓮"的计策，带着五千兵马就朝山里追来。

就在金兵以为大胜在望时，突然天空箭如雨下，金兵纷纷中箭落马，哀号遍野。金牙忽、银牙忽发现中计，赶紧下令退兵。只听见一声："岳飞来了！"

岳飞单枪匹马，朝着金牙忽飞奔而来，金牙忽听到岳飞大名，大呼"不妙"，转头就跑。但是岳飞快如闪电，一枪刺穿金牙忽的后背。

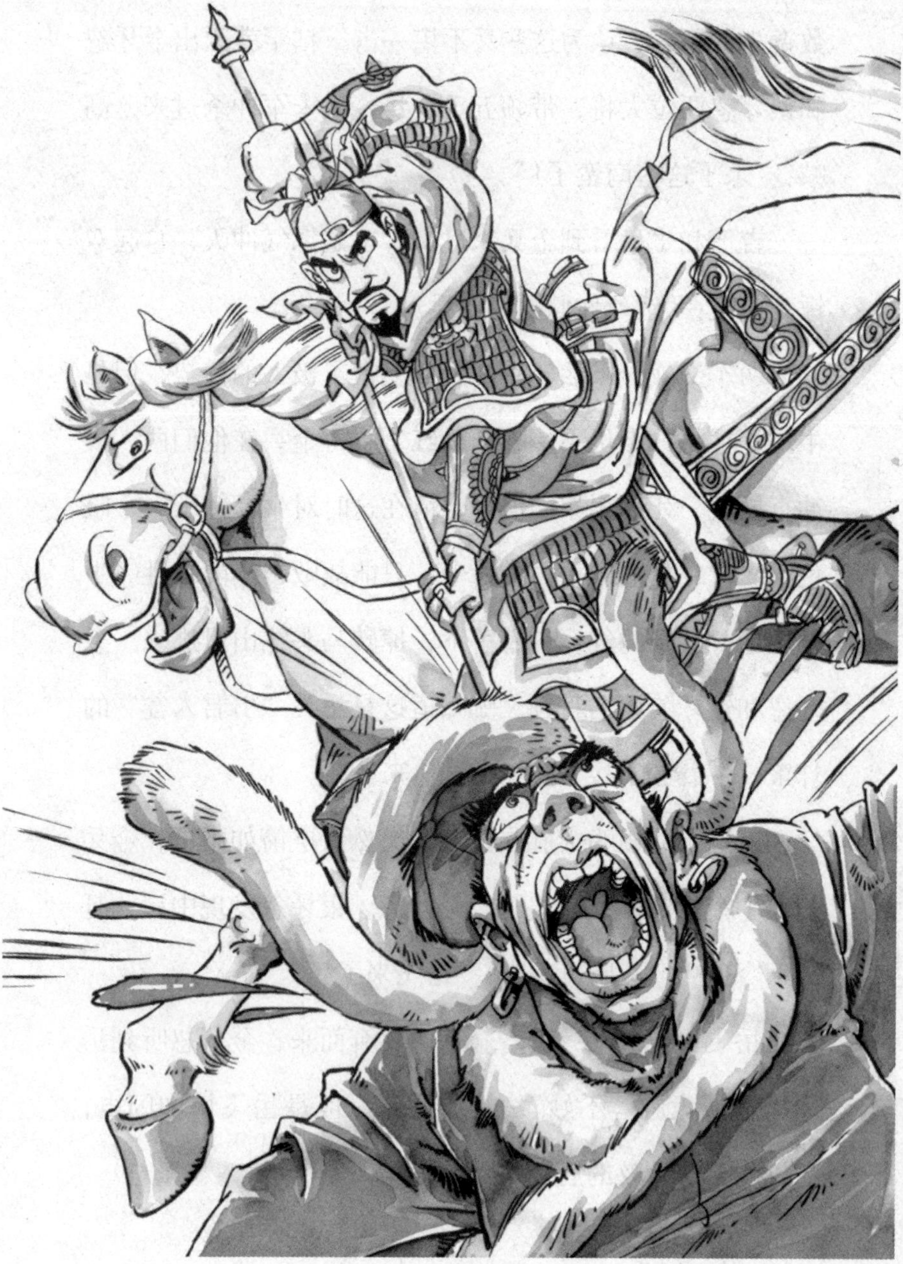

银牙忽看见金牙忽瞬间死于岳飞的枪下,吓出一身冷汗,这时又听见树林里响起了如雷般的吼声,已经吓破了胆。刚才诈败的牛皋等人又带着宋军杀了回来,这次牛皋不再客气,挥动双锤,才过十招,就把银牙忽打败了。

带队的金牙忽、银牙忽一死,金兵已经无心再战,纷纷逃命。岳家军八百官兵倾巢而出,杀得金兵片甲不留。

兀术知道自己的五千精兵全部阵亡,对岳家军恨之入骨,就带着三十万部队,赶上来要找岳飞决一死战。岳飞因为一边要掩护朝廷百官南撤,一边要和后面追来的金兵作战,所以行军速度较慢,很快就被兀术的部队在广德追上了。

岳飞知道这次面对兀术的追兵,若是战败,高宗就会立即遭到金兵的威胁,宋朝可能一夕之间瓦解。他看了看广德的地形,决定采用"夜袭"的计谋对付金兵。

原来岳飞在几次胜仗中俘虏了不少汉人,这些北方的汉人其实是宋朝的百姓,当初是被兀术强迫加入金兵的。岳飞把其中一个叫王全的领袖和他的几个骨干找来,开导他们说:"我们大宋遭到金人的侵略,你们的亲人也都受到他们的胁迫。而你们被迫杀害自己的同胞，心里一定很痛苦吧！"

王全和他的部下听了岳飞的话个个低下头，感到非常惭愧、懊悔。

"如果大家愿意将功折罪，替自己的亲友报仇，那么请今晚回到金营，放火烧掉他们的军营，这样也可以为自己争取到自由。"岳飞继续说。

"我们愿意听从岳将军的命令。"王全等人异口同声地说。

岳飞把详细的计划说明清楚，并鼓励他们说："大宋能不能击退金兵就看你们了。"

果然，金兵看见王全等人逃回来，并偷回了一些宋军的军械，大为高兴，没有多加怀疑。当天晚上，王全等人趁金兵熟睡之际，在各仓库、营房放火。一时，整个金营火光冲天，好像白昼一般。"失火了！失火了！"到处都是金兵喊叫的声音。

岳飞看到金营陷入一片混乱，知道计策已经成功，立刻下令："冲啊！杀啊！"

岳家军杀入金营，好像进了无人之境。金兵连武器都来不及拿，死伤惨重，大败而逃。兀术大军经过这一仗，已经元气大伤。这次夜袭的成功，使得官兵对岳飞的领导更是心服口服。许多被俘的金兵（原来的汉人）也都愿意脱下金人的服装，投效岳飞，岳家军也因此越来越壮大，成了宋抗金的主力。

19. 剿平匪乱・安定地方

岳家军虽然屡次打了胜仗,但是和兀术的部队比起来,人数还是差得太多了。所以岳家军也只能采取游击战术,掩护着高宗后退。兀术终究还是以绝对优势的兵力,绕过广德,逼近了高宗所在的临安[①]城。高宗只好放弃临安,继续逃往越州。兀术继续追赶,高宗又逃往明州,最后甚至乘船到了台州,高宗可说是一个只知道逃命的皇帝。

高宗四处逃难,江南的官兵无力治理地方。江南宜兴一带,以郭吉和张威武为首的盗匪趁机作乱,到处烧杀掳掠。百姓一边担心金兵的侵略,一边忍受盗匪的欺凌,生活在恐惧和苦难之中。

---

① 临安,今杭州。

岳飞知道了这个消息，派出王贵带着岳家军，收服了郭吉的部众。顽强的张威武不肯降服，岳飞只好亲自出马，亲手杀了他，宜兴一带的盗匪从此绝迹，百姓才恢复了安宁的生活。百姓对爱民的岳飞更加敬爱推崇。

高宗知道了岳飞的战绩，这才想起避居海外终究不是办法，决定命令岳飞领军收复建康。

兀术率领大军进入中原，本以为可以轻轻松松扫平宋朝积弱不振的军队，活捉那个怕死的皇帝高宗。想不到，高宗打仗不行，逃命却很厉害。兀术从北方一路追杀高宗到江南，随后攻占了定海和昌国等地，他夸下海口说："就算赵构逃到天涯海角，我都要捉到他。"

现在，兀术终于发现自己太不了解宋了。一来，他想不到宋的领土如此广大，好像再怎么追，那个逃命皇帝总有地方躲；二来，沿途遭到岳飞这样的猛将不时的阻碍和偷袭，让金兵造成不少伤亡。

兀术不禁仰天长啸："岳飞啊岳飞！要不是你捣蛋，赵构早就成了我的阶下囚！"兀术心里甚至想："我大金国要是有像岳飞这样的将领，早就统一大宋江山了。"

思考了多日，兀术第一次有了"不如归去"的念头。他对军师说："像我们这样深入宋人的领土是很危险的。何况士兵长期奔波，也快累垮了，倒不如先回去整顿一下再做打算吧！"

兀术怕惊动了岳家军，所以率领金兵悄悄地往北退。但是，金兵撤退所经过的地方仍然是烧杀劫掠，江南百姓又遭到了空前的浩劫。

高宗知道金兵退出了浙江边境，才小心翼翼地北返，驻扎在越州。高宗将越州改名为绍兴府，第二年，又将他的年号改为"绍兴"。

20. 收复建康·兀术丧胆

兀术率领大军撤退到镇江,原本打算在镇江好好休息,重整部队,不料在长江上遭遇大宋的水军,被宋的水师名将——韩世忠夫妻迎头痛击。兀术损兵折将,好不容易才从黄天荡脱逃而去。

岳飞得知兀术大军已经从黄天荡脱困,判断兀术一定移师到建康让部队休息,补充粮草。岳飞决定比兀术先攻下建康,让金兵连休息的地方都没有。歼灭兀术这支强大的军队,让它无法顺利回到北方,这是岳飞最高超的战略。

岳飞对张宪说:"你带领三百名骑兵攻城,建康城上的金兵将领看到只有三百名宋军,一定倾巢而出,想要彻底将你们杀个精光,向即将到来的兀术邀功。"

张宪接受了岳飞"引蛇出洞"的战术,看到金兵已经

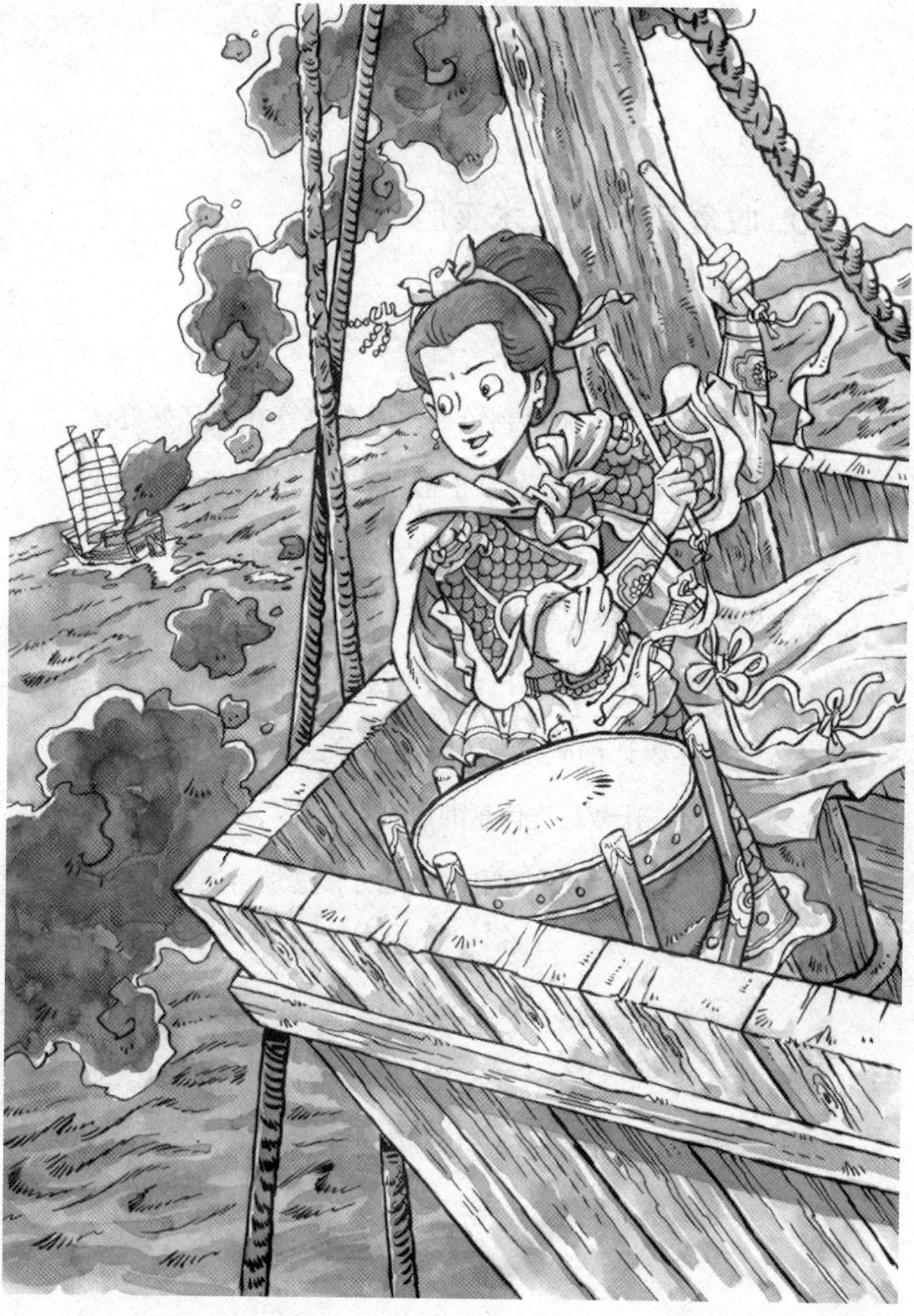

全数出城，就暗示骑兵们边打边逃，把金兵引到距离建康城三里远的草原。突然，一声炮响，岳家军的旗帜飘扬在草原四周。岳飞领着三千步兵，将金兵团团围住。金兵首领再回头看，吉倩、牛皋等人已经带着另一支岳家军攻进建康城。

岳飞一声令下，宋军奋勇向前，金兵进无步、退无路，只好举旗投降。岳飞在不到一天的时间内就收复了建康城，兀术还不知道，继续带着金兵往建康城前进。

兀术在黄天荡吃尽了韩世忠夫妻的苦头，好不容易逃到了建康，准备在这里让部队补充体力，稍作停留，再继续赶路回北方去。当他到了建康附近的静安镇时，斥候兵急忙来报告："将军，建康城上飘扬的旗帜，好像不是我们的。"

"什么？那是什么旗帜？"兀术紧张地问。

"好像……好像有个'岳'字。"斥候兵吞吞吐吐地说。

兀术大惊："难道是岳飞？军师，和我去看看。"

兀术和军师立刻上马，来到建康城郊。

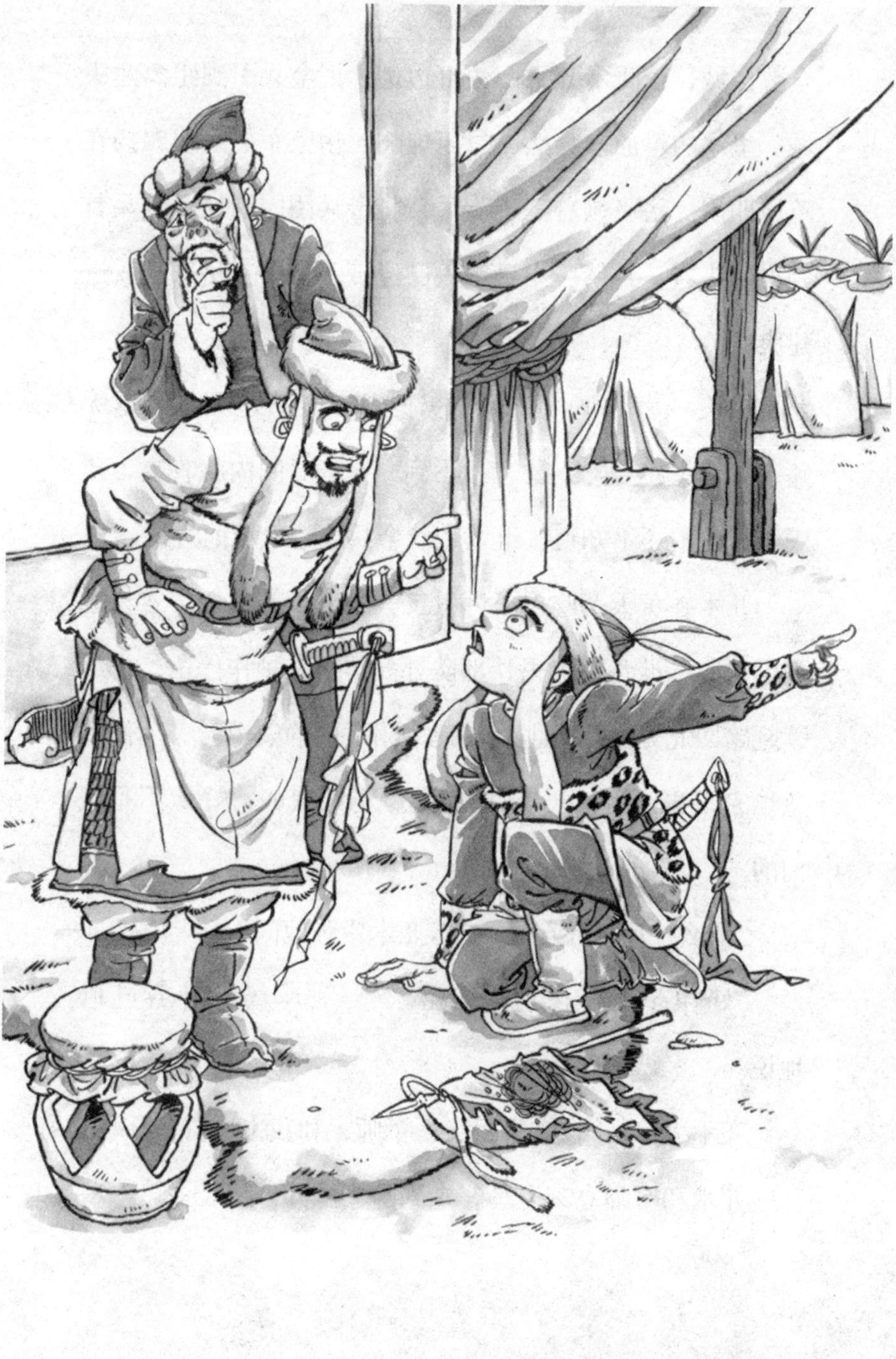

"军师，你仔细看清楚，那是谁的旗帜？"兀术其实心中已有不祥的答案。

军师哈迷蚩一看，惊叫："糟了！真的是岳飞！"

兀术不禁叹了一口气："唉！碰上岳飞，简直是恶鬼缠身。"

"殿下，我看能退则退，我们不能再和他正面冲突了。"哈迷蚩皱着眉头说。

兀术心里很清楚，自己的部队在数量上虽然远超过岳飞，但是黄天荡一战让大家身心俱疲，怎能再和岳家军硬碰硬。于是，他一声令下："撤退！赶快绕过建康城！"

可是，兀术这一道命令太迟了。岳飞早就料准，兀术的部队来到这里，兵疲马累，禁不起久战。金兵才开始撤退，岳飞的营地里已经响起了连串的炮声，接着是杀声震天，这正是岳飞亲自出马的信号。哈迷蚩听到这一阵炮响，手脚都软了，赶紧和兀术跃上马，头也不回，飞也似的逃走了。而那些来不及逃跑的金兵被岳家军掳获了一大半，只能眼睁睁看着自己的主帅弃他们而去了。

岳飞看着兀术逃离战场，冷冷地笑道："兀术以为可以安心溜走，哈！好戏还在后头。"原来岳飞早就安排牛皋、王贵、汤怀率领一支伏兵，隐藏在金兵的退路上，让兀术的部队再尝一次岳家军"神出鬼没"的苦头。

兀术在建康城外又吃了岳飞一次败仗，撤退途中又受到牛皋、王贵、汤怀的偷袭，一口气经过宣化镇，逃到六合，才安心清点人马和物资。兀术发现金兵损失了十分之三的人马，从江南抢来的财宝也丢了一大半。他回头张望了半天，确定岳飞没追上来，才下令大军停下来，长长地叹了一口气，说："岳飞啊岳飞！看来要是你不死，我大金国就灭不了宋国。"

岳飞则在兀术大军完全退出江南后，受到了高宗的奖赏，并被提升为通泰镇抚使。

21. 收复襄阳·安定后方

兀术大军退回江北，但仍对大宋江山这块"肥肉"不肯死心，只好先占领控制运河的承州、扬州、楚州，等待机会再南下。

岳飞知道兀术经过几次败仗已如惊弓之鸟，暂时不会再发兵南下，所以就利用这时候，开始扫荡江南一带的盗匪，以免金兵再来，让百姓受到双重煎熬的苦难。

岳飞先肃清了盘踞在太湖的大盗杨虎，再收服了鄱阳湖的水寇余化龙。杨、余二人不仅武功高强，而且骁勇善战，日后都成了岳飞手下的悍将。

岳飞虽然平定了长江下游地带的土匪，但是长江上游襄阳、汉水一带的土匪，因为有汉奸皇帝刘豫在背后支持，成为建康城最大的后患。高宗又命岳飞为荆南制置使，带兵消灭这批盗匪，收复襄阳城。

岳飞遇到的第一个劲敌是刘豫的部下京超。岳飞知道很多宋军将领都败在京超手下，决定用"以匪治匪"的策略，制服京超这个狠角色。岳飞大胆地派出刚被他收服的余化龙担任前锋。

余化龙对岳飞说："元帅，您不怕我临阵脱逃？"

岳飞笑一笑说："我既然用你，就一定相信你。"

岳飞对余化龙的信任让他非常感动，余化龙终于以不怕死的精神，单挑勇猛的京超，一枪就把京超逼死在山崖里。

岳飞打败了鄂州的京超，继续向襄阳挺进。此时的襄阳被汉奸李成的十万大军占领。李成的部下都是一些贪财好色、有勇无谋之徒，听到岳家军一到，赶紧收拾财物准备逃命。岳飞派大嗓门的牛皋到襄阳城下喊话："开门投降者，可免一死，顽抗不从者，兵戎相见！"

想不到那一夜，李成的部队就逃了一大半。李成领着剩下的一半部队，被岳飞打得落花流水，死的死，逃的逃。襄阳城就这样被岳飞收复了。高宗又加封岳飞为清远军节度使，率军往洞庭湖，收服了以杨再兴为首的水寇。杨再兴善用长枪，日后也成了岳家军讨伐金兵的一名悍将。

　　岳飞这一连串的剿匪胜利，为长江沿岸的百姓带来了安定的生活。岳飞统兵一向纪律严明，军队经过村落，不准向百姓拿一针一线，所以赢得了百姓的爱戴。士卒有疾病，岳飞亲自为他们煎药；将士被调到远方，岳飞负责照顾他们的家人；士兵战死，岳飞伤心落泪，并抚育他们的孤儿，或者帮他们的儿女完婚。凡是朝廷对岳飞的犒赏，岳飞都分送给了军吏，一点也未曾留给自己。因此，岳飞的部属对他有如父兄那样敬爱。

22. 秦桧变节·主张和议

兀术停驻在承州、扬州、楚州这三个重镇，一直念念不忘宋朝美丽的江山。但是，一想到战力超强又不怕死的岳家军，他还是不敢再度南侵，只好继续等待时机。

"到底有什么办法可以收拾岳飞呢？"兀术整天想着这个苦恼的问题。

机会终于来了，有人向兀术引见了秦桧这个人。

秦桧原来是宋朝的进士，曾做过中丞的大官。当年钦宗在位、金兵围攻汴京时，秦桧曾经上书皇帝，反对割地求和。他向钦宗说："金人是不会守信用的，我军应该全力应战，保卫大宋的疆土。如果金人派遣使者来，应该防止他们深入朝廷，以免泄漏了我方的军情。"

虽然，钦宗并没有听从秦桧的建议，但是，大家听了秦桧的话，都认为他是一个大忠臣。

金兵第二次攻陷了汴京，俘虏了徽、钦二帝，秦桧也被押送到金国的燕京。到了燕京，成了俘虏的秦桧变了，不但改变了对金人的态度，而且想尽一切办法巴结金国的官员。他买通金太宗身边的人，为他说好话："只要不杀我，放我自由，我愿意为金国做任何事。"

正当兀术在前线为如何对抗岳家军而烦恼时，金太宗想起秦桧的用处，说："如果有人在宋高宗的朝廷做内应，就不怕岳飞的军队了。"

大臣也对金太宗说："秦桧这个人可以试试看。"

金太宗就把秦桧找来，说："我如果放你回家乡，你要怎样谢我？"

秦桧一听，高兴地回答："只要大王交代的事，我一定努力达成。"

"嗯！好，要是你真的和我大金国配合，我保证你一生荣华富贵，享用不尽，"金太宗满意地继续说，"只要你能阻止岳飞打击我金国部队，甚至将他毁了，就算报答我了。"

秦桧一听，知道此事非同小可，但是，想到一生的荣华富贵，也只有硬着头皮回答："我一定完成这项使命。"

于是，金国就利用攻打楚州的机会，将秦桧放了。

"秦桧大人逃回来了！秦中丞逃回来了！"临安城的百姓奔走相告，还以为秦桧仍是以前那个忠心爱国的秦桧。

高宗知道秦桧回来，立刻召见他，因为高宗急着想了解金国那边的情况。

"爱卿，我想听听你的意见，今后，我们该如何对抗金国？"高宗问。

秦桧早就知道，高宗是一个听到金兵的字眼就会发抖的皇帝。他向高宗分析说："金国现在有数十万大军，兵强马肥，如果让他们再度南下，恐怕我们半壁江山难保。不如先和他们和谈，把国家内部整顿好再说。"

一心想和谈的高宗听到秦桧的话，好像遇到了知心人一般，立刻升秦桧为礼部尚书，不久又升他为副宰相。

秦桧当上副宰相后，想尽快阻止岳飞的军事行动，谁知道这时的岳家军正是打遍天下无敌手，军威正盛，朝廷中的大臣们因此都不主张和谈。

御史黄龟年就向高宗弹劾秦桧，说："秦桧只知道提

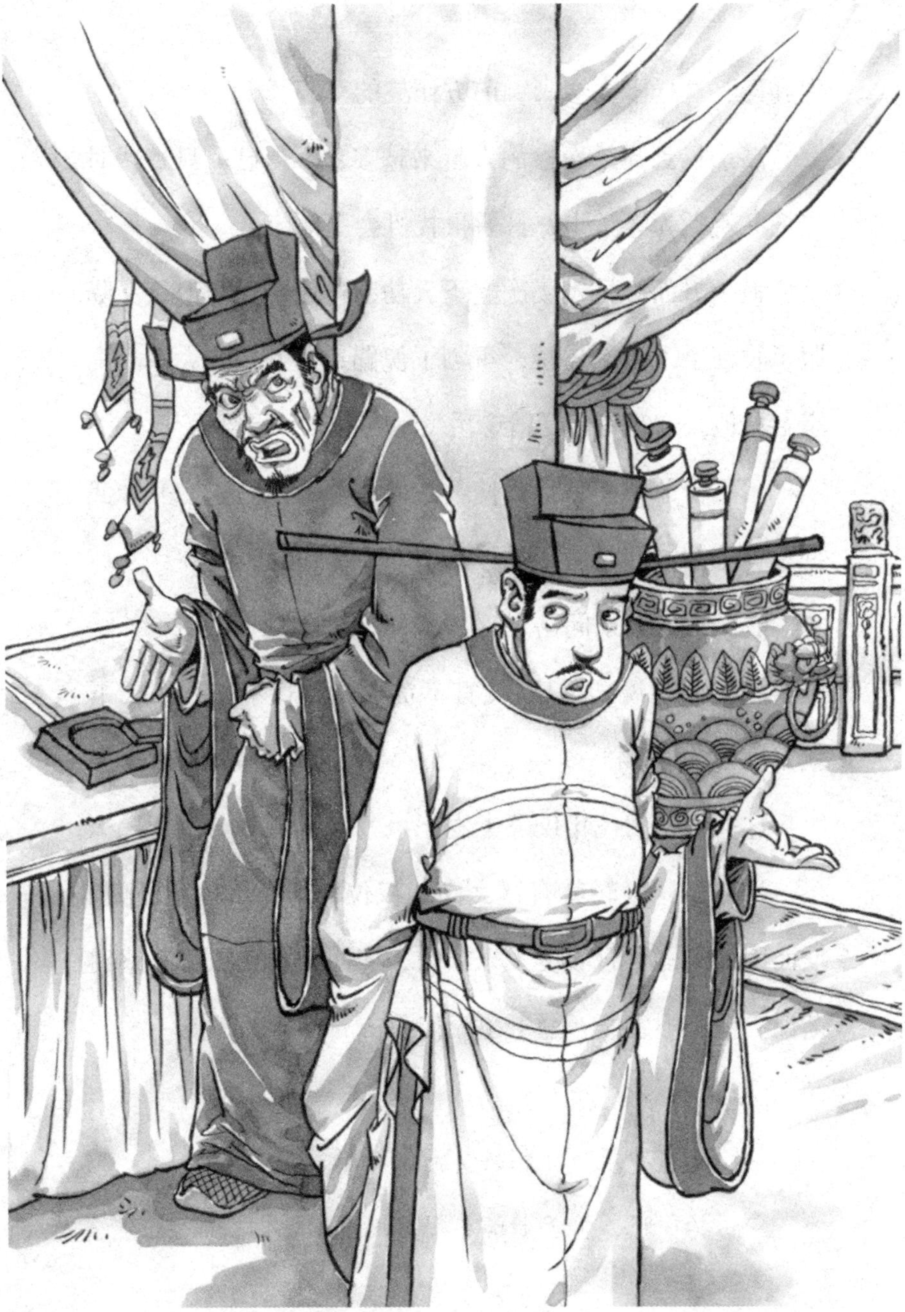

倡和谈，这样下去会影响前方作战的军心。"

高宗见到弹劾秦桧的人越来越多，不得已，只好暂时先把秦桧贬为大学士，日后再找机会用他。

另一方面，岳飞屡次立下大功，迫使金兵撤退；又降服了长江上下游的盗贼，重创了傀儡皇帝刘豫的大军。高宗召见他，亲笔写了"精忠岳飞"的锦旗，赐给岳飞。

岳飞身兼镇南军承宣使、江南西路沿江制置使兼神武副军督统制，此时岳飞才算有了宋军统帅的地位。

有一次，高宗问岳飞："天下什么时候才能太平？"

岳飞回答说："只要文官不贪财，武将不怕死，天下就太平了。"

这一年，岳飞年仅三十岁。

岳飞年纪轻轻就有这么高的权位，却一点也不骄傲，反而因为不能早日收复大宋河山，迎回徽、钦二帝而感到惭愧。他满心感慨，写下了流传千古的《满江红》：

怒发冲冠，凭栏处，潇潇雨歇。

抬望眼，仰天长啸，壮怀激烈。

三十功名尘与土,

八千里路云和月。

莫等闲,白了少年头,空悲切!

靖康耻,犹未雪;

臣子恨,何时灭?

驾长车,踏破贺兰山缺。

壮志饥餐胡虏肉,

笑谈渴饮匈奴血。

待从头,收拾旧山河,朝天阙。

全文的意思是:雨停了,我倚着栏杆,远望着眼前这片沦陷在敌人手上的国土,愤怒得连头发都竖起来,几乎把帽子都冲掉了。我抬起头,仰望着天空高声呐喊,把自己胸中的悲愤发泄出来。唉!三十岁了,自己所建立的功名,像尘土一样微不足道;南征北讨经过八千里路,只有云和月陪伴着我啊!不能再浪费光阴了,等到头发白了,再悲伤后悔都来不及了!想到靖康年的耻辱还没有洗刷,做臣子的愤恨什么时候才能消除呢？我要驾着兵车，踏破敌人的基地贺兰山。我有无比的雄心壮志，饥饿了就吃敌人的肉，在谈笑中饱喝敌人的血。等我收复了国土，凯旋回京，向皇上报告胜利的消息。

《满江红》写出了岳飞忠心报国、坚决杀敌的意志。而"莫等闲，白了少年头"正反映了他内心对江山沉沦不能收复的焦急。

23. 严母去世·辞官守丧

当岳飞收复了襄阳这个军事重镇，大破了金国扶持的汉奸刘豫部众，原可乘胜进军北伐时，却接到高宗的命令："不可再追击，以免引来金兵不满。"于是，岳飞在收复了襄阳、随州、郢州、邓州、唐州、信阳六郡后，就上书辞职，请高宗另外派将领来接替。但是高宗生怕金兵又渡江，无人能挡，不准岳飞辞职，反而命令岳飞屯驻鄂州，把六郡都归岳飞管辖。不久，岳飞又在洞庭湖边，以短短八天的时间，剿灭了洞庭湖的盗匪杨钦、杨幺等人，清除了刘豫在长江南岸的余孽。

岳飞又立下大功回到鄂州，接到高宗的圣旨，加封他为定国军节度使。岳飞加紧在武昌调集兵马，一面防范刘豫大军的反攻，一面积极做北伐收复中原的准备。可是就在这紧要关头，却传来一个坏消息：岳飞的母亲姚氏病故。岳飞强忍悲痛，立即请了丧假，带着儿子岳云赶回江州。

岳飞把母亲安葬在庐山，随即上书给高宗辞职，以便按照古礼为母亲守墓尽孝。但是，因为金太宗又命令傀儡皇帝刘豫发兵，侵犯宋的领土，情况十分危急，高宗不准岳飞辞职，并命他担任京湖宣抚使，指挥河北各路人马，收复河东。

岳飞不得已又回到襄阳，马上派出部下征讨各地刘豫的大军。牛皋收复了镇汝军；杨再兴攻克了河南的长水县；王贵和郝政也攻下河南的卢氏县。岳家军可说是连战皆捷。金兵和刘豫的部队被杀得溃不成军。

这时，岳飞向高宗上书："陛下，臣以为，现在应该利用宋军的气势，进攻金兵的心脏地带，一举收复我大宋失土。"只可惜，高宗没有采纳岳飞的意见。岳飞还是不死心，亲自到建康晋见高宗，请高宗准许他率军向北，收复宋的失土。高宗仍然没有答应岳飞的请求，仅仅是把他升为"太尉"。秦桧怕岳飞的势力越来越大，等岳飞一离开建康，就时常在高宗面前说岳飞的坏话："岳飞的势力越来越大，恐怕将来对陛下不利。"

没有主见又怕打仗的高宗，渐渐对岳飞有了戒心，有些重要的任务也故意不让岳飞参与。高宗虽然把岳飞升为"太尉"，但是又任命秦桧为"枢密使"，也就是宋朝的军事主管，处处扯岳飞的后腿。秦桧大力主张和金兵议和，正符合贪生怕死、眷恋皇位的高宗心意。绍兴八年，高宗又把秦桧升为宰相，希望他大力促成宋和金的议和。

岳飞眼看秦桧这个奸臣当道，高宗也无心收复国土，更无法理解自己的一片忠心，只好辞去了一切军职，返回庐山为母亲守孝。

"岳飞已经解除一切军职，回乡去了。"秦桧暗中通知兀术。

"哈！太好了！没有岳飞，宋朝亡矣！"兀术一听，大喜过望，立刻展开连番的军事行动，大军南下攻陷了好几个城镇，建康城岌岌可危。刘豫残留在长江附近的部队也蠢蠢欲动。高宗看苗头不对，赶紧召岳飞火速赶回，对抗兀术的大军。

岳飞知道自己回去还是会受到秦桧和一些奸臣的牵

制，办不了什么大事，只好向高宗报告，自己必须善尽孝道，不能离开。

高宗眼看金兵就要到来，没有岳飞出来抵抗不行，又派宰相赵鼎亲自到庐山，召岳飞回朝廷。岳飞不得已，勉为其难离开了庐山回去见高宗。

高宗见到岳飞回到朝廷，好像看到救星一般，说："爱卿，你快快发兵到江州去，兀术快打过来了。"

身为臣子的岳飞只能遵命。他觉得自己仿佛只是高宗的救火队，内心万般无奈。

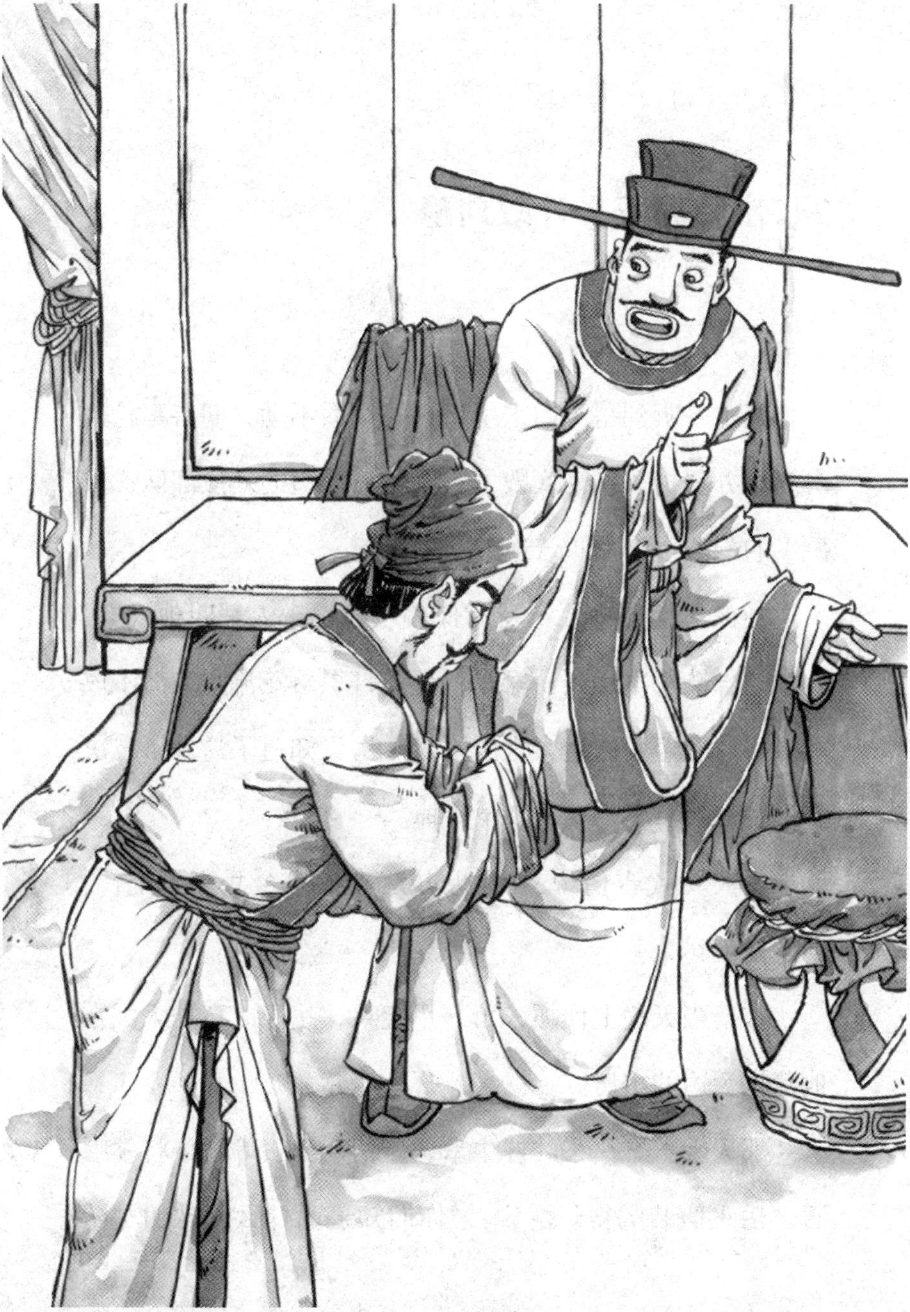

24. 出师勤王·计败刘豫

兀术一听到岳飞回来了，只好按兵不动，期待秦桧这次能想办法把岳飞彻底毁了。倒是另一边的刘豫部队，被岳飞的部队重创得叫苦连天。

刘豫是金在中原扶持的傀儡政权，宋人都叫他汉奸。刘豫的部队每次遇到岳家军，都被打得落花流水，溃不成军，所以已经引起金太宗的不满。岳飞知道了这件事，决定不费一兵一卒，要把刘豫除掉。

岳飞交代吉倩说："你想办法去抓个金兵来，记住，不能伤他！"

吉倩当天晚上便抓来了一个金兵，岳飞故意把人关在他营帐旁边的牢房。

那天晚上，岳飞约好牛皋、吉倩、王贵等几个将领喝酒，岳飞假装喝得烂醉说："你们知道为什么刘豫的军队遇见我们就跑吗？"

"不就是怕我们岳家军嘛！"牛皋大声地说。

"哈哈！你们都错了，其实那是我和刘豫事先约好的。"岳飞故意说得很大声。

"什么？元帅为什么要这么做？"吉倩问。

岳飞说："我们的目的就是为了钓兀术这条大鱼，来个里应外合，把兀术生擒到手！当然，事成之后，我答应把长江沿岸都让给刘豫。"

大家听岳飞这么一说，都不约而同地称赞："原来如此，元帅真是高明啊！"

岳飞一伙人的谈话让隔壁的金兵听得清清楚楚。

第二天，岳飞领兵向兀术叫战，而且故意战败撤退，兀术大军轻易地救回了金兵的俘虏。那位被俘的金兵马上向兀术报告他前天晚上听到的话。兀术气得脸都绿了，说："好啊，刘豫，我大金让你当个皇帝，你还不满足！"

兀术立刻向金太宗报告，决定不动声色地废掉刘豫这个"齐帝"。兀术带着大军来到武城，刘豫的儿子刘麟不知道内情，高高兴兴地出来迎接，一下子就被兀术的手下抓起来。兀术再带兵冲进刘豫的宫殿,掳走刘豫。做了几年的"齐帝",刘豫就这样莫名其妙地被押到金国的上京,再也回不了中原了。

刘豫到死都还不知道自己中了岳飞的计。

25. 宋金和约·丧权辱国

　　岳飞的反间计让兀术北返处理了刘豫的问题，也让岳飞的军队多了整顿的时间。前河间节度使张叔夜的儿子张立和张用也来投靠岳飞，使岳家军更加壮大。岳飞认为北伐的时机已经成熟了，回到鄂州以后，仍然不停地训练军队，准备挥军北上救回徽、钦二帝。可是，秦桧一直花言巧语鼓吹"和议"的政策，使高宗始终对北伐意兴阑珊。

　　岳飞最后忍不住了，和韩世忠联合写了一个奏章，请求高宗早日发兵，完成复国的大业。可是，没有回音。原来奏章到了宰相秦桧手里，被压了下来。秦桧看到奏章里有批评他的话，对岳飞更是恨之入骨。

　　绍兴九年（1139）正月，金国元帅挞懒眼看打不过宋军，就建议金熙宗和宋议和。宋则在秦桧的策划下，和金订下了和约。和约最重要的两条：一是以黄河为界，黄河以北归金管辖，黄河以南才是宋的领土；二是由金国皇帝封高宗为皇帝，宋每年向金国进贡银二十五万两、绢二十五万匹。

岳飞对这个和约感到痛心疾首，立刻从鄂州上书给高宗："臣以为，这样一个丧权辱国的和议是不该接受的。请让臣带军收复两河失土，为国复仇雪耻，让金国向我大宋俯首称臣。"

高宗看了岳飞的奏书，虽然对岳飞的忠心感到欣慰，但是仍然改变不了他想议和的决心。高宗一想到秦桧在他耳边说"钦宗一回来，你就没皇帝可当了"，就睡不着觉了。

26. 兀术毁约·再度南侵

宋金议和的第二年，金发生内斗，主战派的兀术除掉了大元帅挞懒和蒲卢虎，掌握了金的军政大权，再度领兵进犯宋。这一次，金的几乎所有猛将都上了战场，包括兀术的女婿夏金吾和孔彦舟、赵荣、葛王褒、韩常、俪琼等，他们在兀术的率领下，从山东一路攻下陕西、河南各地，所过之处势如破竹，无人能挡。

高宗得到金兵攻来的消息，吓得浑身发抖，急忙又诏令岳飞率兵抗金。

岳飞郁闷的心情终于稍微纾解，心想："皇上议和的梦被不守信用的金人毁了，我收复中原的志愿终于要实现了。"

岳飞立刻派出张宪、郝政率兵攻打顺昌府，又派牛皋、杨再兴、王贵等人正面迎战来犯的金兵。不到几天，

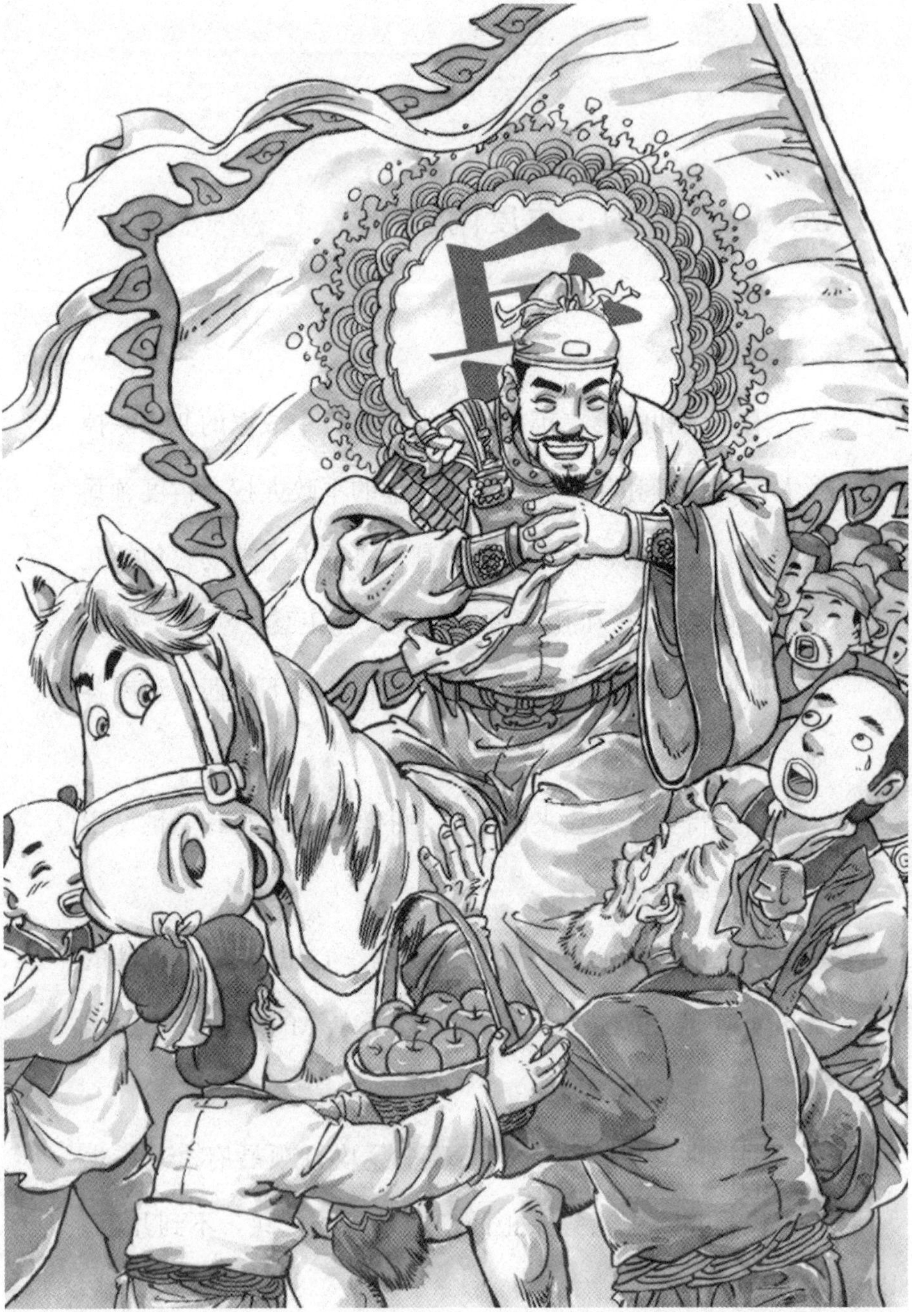

岳家军就收复了郑州、陈州、颍昌、洛阳，岳飞的旗帜又飘扬在这些城郡上，老百姓欢欣鼓舞，奔走相告："岳元帅回来了！岳元帅回来了！"

很快地，岳飞大军已经推进到敌军的眼前——郾城。

兀术的大军再度南侵，又吃了岳飞的败仗，很不甘心，决定在郾城和岳飞决一死战。第一天，年纪轻轻的岳云出阵挑战兀术，兀术败战而回。

第二天，兀术动用了三匹马连在一起的"拐子马"，岳飞的部队死伤惨重。后来岳飞叫步兵手持麻札刀和藤牌，屈蹲身子砍断敌军的马脚，这一次，金兵的拐子马被岳飞的部队杀得大败而逃。

兀术连番吃了岳家军的苦头，只好掉头转攻临颍和颍昌两郡，想不到岳飞早就命杨再兴等在那儿，杨再兴的长枪军打得兀术军队落荒而逃。兀术的女婿夏金吾和爱将粘罕也被岳云所杀。兀术边打边逃，望着岳家军的阵容，不禁大叹："唉！果真是'撼山易，撼岳家军难'！"

27. 十二金牌·逼迫班师

兀术卷土重来，原以为宋的江山唾手可得，哪知道岳飞及时回朝，让他连吃了几回败仗，连最厉害的拐子马也被岳飞破了。兀术暗暗骂道："这秦桧得了我们的好处，为什么至今还不将岳飞这个麻烦处理掉！"

兀术领军一直退到朱仙镇，心想："如果连朱仙镇也被岳飞夺回去，汴京跟着危险，难道这一半江山又要归还宋不成！"

于是，兀术调来十几万的兵马，决定不让岳飞通过朱仙镇。哪知道用兵如神的岳飞一到，不到几天，又把金兵打得死的死、逃的逃。兀术只好领军退回宋的旧都——汴京。

岳家军终于渡过黄河，收复了河北不少的城镇。岳飞派梁兴、董荣、孟邦杰等将领，扫荡附近金兵残留的势力。北方的百姓看到岳家军"岳"字旗号，都激动得掉下泪来，因为自从宋室南迁，百姓已经好久没看到过宋的军队了。各地抗金的民兵游击队也纷纷出来归附在岳飞的阵容里。

岳飞登上高楼，远望北部的山河，他知道收复宋的江山只差一小步了。只要继续推进，岳家军就可以收复汴京，迎回徽、钦二帝。但是，岳飞没想到，梦想越接近，危机也如乌云一般，渐渐地笼罩在他头上了。

高宗一听到岳飞渡过黄河，逼近汴京，受到百姓的爱戴与欢迎，心里很不是滋味。岳飞的表现让他感到地位受到威胁，秦桧又不时地在他耳边说："要是岳飞迎回徽、钦二帝，陛下您就不能继续当皇帝了。"

秦桧不希望岳飞得胜，高宗也不希望岳飞继续北上。于是，高宗一面要秦桧向金人求和，一面下诏，要岳飞班师回朝。

岳飞眼看就要把金兵彻底赶出关外，却接到收兵的诏书，他激愤地上书，请求进攻汴京。秦桧早就预料岳飞会拒绝撤兵，竟然请高宗在一天之内发出十二道金牌，命令

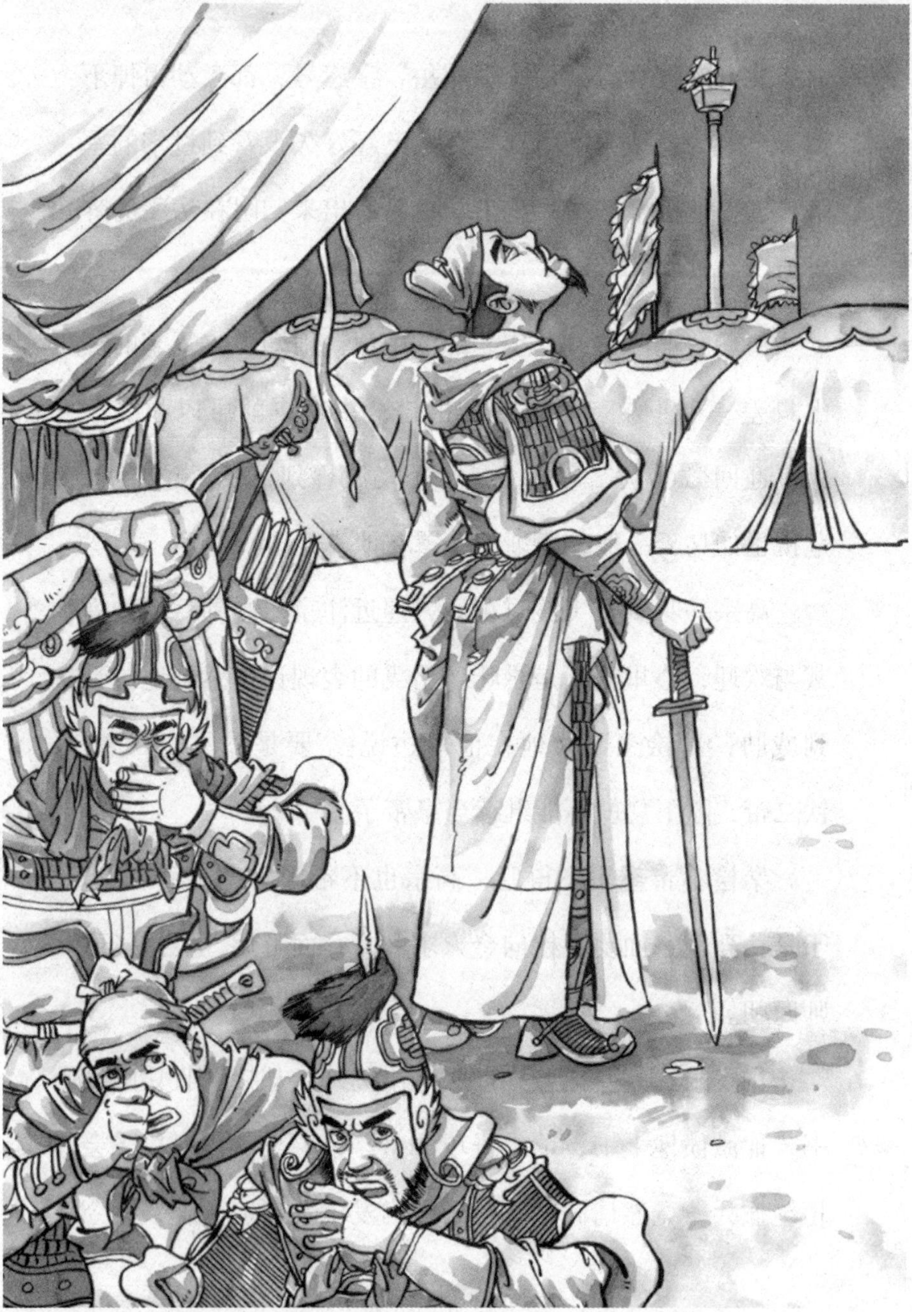

岳飞立刻回朝。

岳飞接到金牌，知道高宗的心意已决，于是仰天长啸，大叹说："十年来沙场上的辛劳真的要这样毁于一旦吗？"

岳飞知道自己一旦撤兵，所有的努力都将前功尽弃；若不撤兵，又是违抗君命，会被当成叛逆。岳飞忍不住痛哭失声，身边的将士也都跟着泪流满面。

各地百姓知道岳飞在十二道金牌的压力下准备撤兵，都堵在城门口，求岳飞不要走，因为岳飞一走，他们又要遭到金兵的蹂躏了。

"元帅，这段时间来，我们支援官兵粮草，金兵早已经把我们当作叛徒。现在元帅一走，金兵一定不会放过我们的。"老百姓跪在岳飞面前哀求。

岳飞看见百姓这个样子，心里痛苦万分，无可奈何之下终于想出一个办法。岳飞对百姓们说："皇上要我走，我不能不走，但又不能抛下各位不管。我就给大家五天的时间准备，你们愿意跟我到南方去的，我会负责大家的生活和安全。如果不愿意走的，岳飞也只能对大家说抱歉了。"

五天后，这些愿意跟着岳家军走的百姓，扶老携幼，连绵十几里的队伍,在岳家军的护卫下,一路向南方出发。岳飞则频频回首,想到大好河山又要沦落到金人手中,想到留在北方的那些百姓的命运,一串串的英雄泪忍不住流了下来。

28. 奸佞当道·忍痛辞官

兀术听说岳飞已经撤军，忍不住拍手叫好："哈！岳飞你这一走，北方又回到我大金手上了。你回到赵构和秦桧那些人身边，必死无疑！"

于是，兀术立刻派兵，攻占了颍昌、陈州、蔡州、郑州、洛阳等地。

岳飞回到了武昌，听到北方各郡又沦陷在兀术手中，只能忍受揪心之痛，对于北伐大业，早已心灰意冷。岳飞就向高宗上书，请求解除兵权，准备回乡去，做个普通的老百姓。可是，不让岳飞带兵打仗的高宗却不准他辞官，又召他到京城临安。

高宗召见岳飞，还一直夸他："岳卿，朱仙镇那一仗打得非常漂亮，真是辛苦你了。"

岳飞听了，知道高宗只不过是在敷衍他，只能淡淡地回答说:"谢陛下夸奖,这本来就是身为大宋臣子该做的事。"

岳飞在高宗面前对于自己的战功只字不提,一场沉闷无聊的君臣相见也匆匆结束了。

想不到,绍兴十一年(1141)三月,兀术领兵攻打到了卢州。贪生怕死的高宗只好连下好几道命令,让岳飞出兵抵抗。

岳飞带着岳家军,急忙赶赴卢州。金兵一听岳家军来了,早就逃之夭夭了。兀术不想正面迎战,只好掉转方向攻破了濠州。高宗命令岳飞率军救援,兀术带着金兵渡过淮河逃走了。

秦桧看到岳飞连连出击,生怕朝廷恢复了岳飞的地位,更怕遭到兀术派人责备,赶紧向高宗建议,召回韩世忠、张俊、岳飞等几位前线作战的将领。表面上升他们为枢密使(岳飞为副枢密使),真正的目的却是剥夺他们的兵权。张俊早就和秦桧勾结,就先交出兵权,韩世忠和岳飞也只好照做。不过,每次高宗遇到危急情况时,还是会派岳飞和韩世忠带兵帮他解围。

秦桧秘密地把张俊找来，要他联合岳飞，瓜分韩世忠的军队。等到除去抗金名将韩世忠之后，再来铲除岳飞这个心头大患。

韩世忠所率领的"淮东军"和"岳家军"一样，也是让兀术吃尽苦头的骁勇善战的抗金部队。当张俊和岳飞在镇江一起校阅韩世忠的部队时，就对岳飞提议瓜分韩世忠的部队。岳飞知道韩世忠是一个忠臣，对张俊说："韩世忠的淮东军是抗金的精英部队，你怎么可以有这样的想法！"

张俊被岳飞当面拒绝，从此对他怀恨在心。

当张俊和岳飞带兵到了楚州时，楚州的军吏景著怀疑，张俊和岳飞想要瓜分韩世忠的部队，就向他的上级长官胡纺报告；胡纺就紧急地向朝廷报告。想不到这份报告被秦桧先看到，他抢先一步把景著逮捕了。

秦桧派人对景著说："只要你向朝廷举发韩世忠打算反叛，就升你的官。"

岳飞知道了这个阴谋，连夜写信给韩世忠，要韩世忠防备，不要让奸臣所害。韩世忠一知道这个消息，赶紧去晋见高宗，向高宗表明自己对大宋绝无二心。

高宗知道这件事，非常惊讶，问秦桧："韩将军对我忠心耿耿，为什么有人要告他背叛大宋？"

秦桧知道事迹败露，只好对高宗支吾其词，应付过去。事后秦桧问了张俊，才知道是岳飞通知韩世忠，坏了大事，两人对岳飞就更加憎恨了。

而另一方面，兀术见秦桧办事不力，已经失去了耐性。兀术派人送密信给秦桧，要秦桧一定要尽快除掉岳飞。

秦桧接到密信，心里更是紧张。于是，他唆使右谏议大夫万俟卨上书弹劾岳飞，说岳飞在淮上驻军，又按兵不动，不仅玩忽职守，而且可能有异心。

接着，秦桧唆使御史中丞何铸、侍御史罗汝楫弹劾岳飞，说他态度傲慢、目无君上。

岳飞知道了秦桧这些奸臣在高宗面前说尽他的坏话，感慨地说："唉！是非不分，忠奸不明，我还留在朝廷做什么！"

于是岳飞向高宗请辞，想不到高宗连一句挽留的话也没说。岳飞这才知道，高宗已经完全听信了秦桧这帮人的谗言。

29. 被诬谋反·身陷囹圄

岳飞辞官回到了庐山，可是秦桧仍然决心斩草除根，竟然和张俊串通，想要收买岳飞的部下来诬陷岳飞。他们第一个找到了王贵，但是王贵跟随在岳飞身边十几年，深知岳飞对宋的忠心，就拒绝了张俊的要求。

秦桧和张俊又找上了张宪的部下王俊，要王俊诬告张宪和岳飞意图谋反。不久张俊就逮捕了张宪和岳云，要他们承认岳飞造反的事实。可怜的岳云和张宪两人被打得死去活来，仍然不肯认罪。张俊眼看刑求无效，只好捏造了一份假的口供，交给了秦桧。秦桧得到了这份假口供，如获至宝，赶紧呈给高宗，请高宗立刻下旨逮捕岳飞。

高宗看到了这份口供，内心挣扎了好久，不敢立刻做决定。高宗心里也很清楚，岳飞一心要北伐灭金，都是为了复兴大宋，但是，他又怕岳飞真的北伐成功，迎回徽、钦二帝，那样自己皇帝的位子就没了。更何况，全国百姓对岳飞那么爱戴，要是有一天，岳飞真的危及自己的地位，怎么办？

秦桧早就摸清楚高宗想杀岳飞又不敢杀的心理。当高宗还在犹豫不决时，秦桧早就暗中假传圣旨，派杨沂中到庐山把岳飞逮捕回京。

秦桧派御史中丞何铸和大理寺的周三畏负责审问岳飞。

岳飞进了大理寺，心里已经很清楚，这一切都是阴谋，甚至是高宗有意纵容的阴谋。当周三畏才开始问话，岳飞就扯开他的上衣，正义凛然地说："我一颗心对得起天地，对得起大宋！"

何铸和周三畏仔细一看，岳飞背上刺了"精忠报国"四个大字。何铸虽然是秦桧的党羽，但也被岳飞悲壮的精神感动了。而周三畏一看这个案子，已经明白这是一场奸臣要害死忠良的丑剧，打死他也不愿意充当陷害岳飞的帮凶，为自己留下千古的骂名。于是，他回到家里，赶紧交代家人收拾行李，携家带眷，连夜逃出临安城，隐居到乡

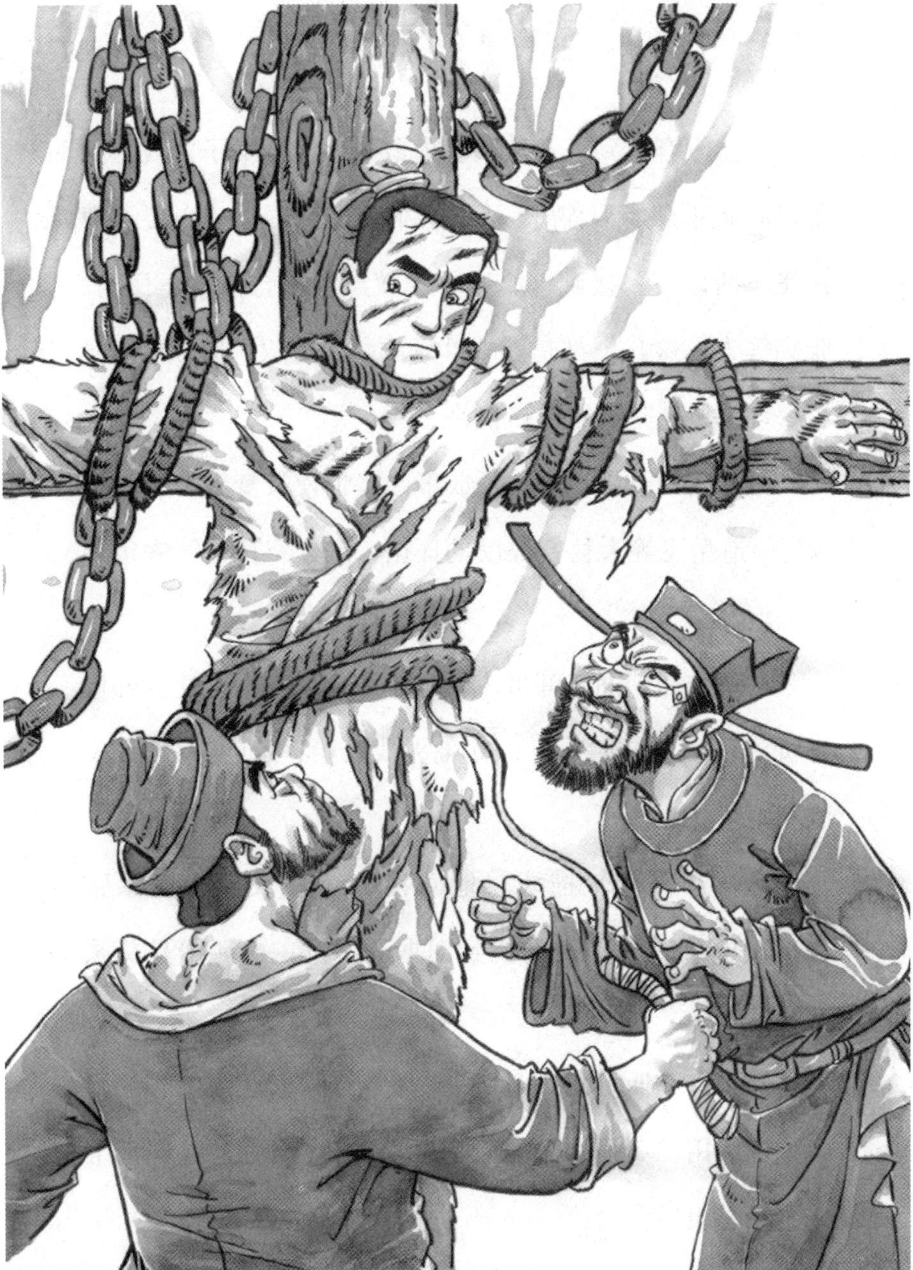

间去了。

秦桧没有料到，竟然没有人敢办岳飞的案子，就想到了最心狠手辣的万俟卨。万俟卨早就知道秦桧一心要除掉岳飞，所以，一接到这个案子，就严刑拷打岳飞、岳云、张宪等人。这几个都是惯战沙场的英雄好汉，万俟卨用尽了一切手段还是逼不出口供来。

秦桧看万俟卨还是办不成事，生怕夜长梦多，就叫万俟卨假造岳飞等人秘密谋反的证据，赶紧将岳飞等人定罪送上刑场。

岳飞被捕期间，韩世忠正好也在朝廷当枢密使。韩世忠听到岳飞被捕的消息，立刻去找秦桧，责问他："岳飞到底犯了什么罪？"

秦桧却只是轻描淡写地回答说："岳飞暗中联系张宪造反的事，虽然还没找到证据，不过，这证据是莫须有的。"

韩世忠一听，气愤地说："一个对国家这么忠心的将领，竟然用'莫须有'三个字，就要定他的罪，这叫天下人怎能心服！"

韩世忠的仗义执言对这些奸臣起不了丝毫作用。他已明白秦桧之所以敢这样胆大妄为，就是因为背后有一个昏庸的皇帝。韩世忠看朝廷奸臣当道，不久就辞去官位，到西湖隐居去了。

30. 奸臣联手·忠魂殒灭

岳飞自从绍兴十一年十月被捕入狱，因为坚决不肯低头招供，案子一直拖到十二月底还没有解决。这时，全国百姓知道岳飞被冤枉的消息，纷纷上书朝廷，为岳飞申冤。但是，这些书信却被秦桧一一拦截下来。秦桧看到百姓这么拥戴岳飞，也心生顾忌，不敢贸然杀了岳飞。

有一天晚上，正当秦桧看着百姓的陈情书大感苦恼时，秦桧的妻子王氏接过了那些陈情书，看了内容，笑着说："你再不赶快解决岳飞的性命，万一这些百姓的声音形成一股浪潮，让皇上改变了主意，到时候死得最惨的就是你。"

秦桧一听，好像大梦初醒，知道事情的严重性，赶紧连夜写了一封密函，派人送给万俟卨。秦桧在密函内交代万俟卨当天晚上处决岳飞、岳云和张宪三个人。

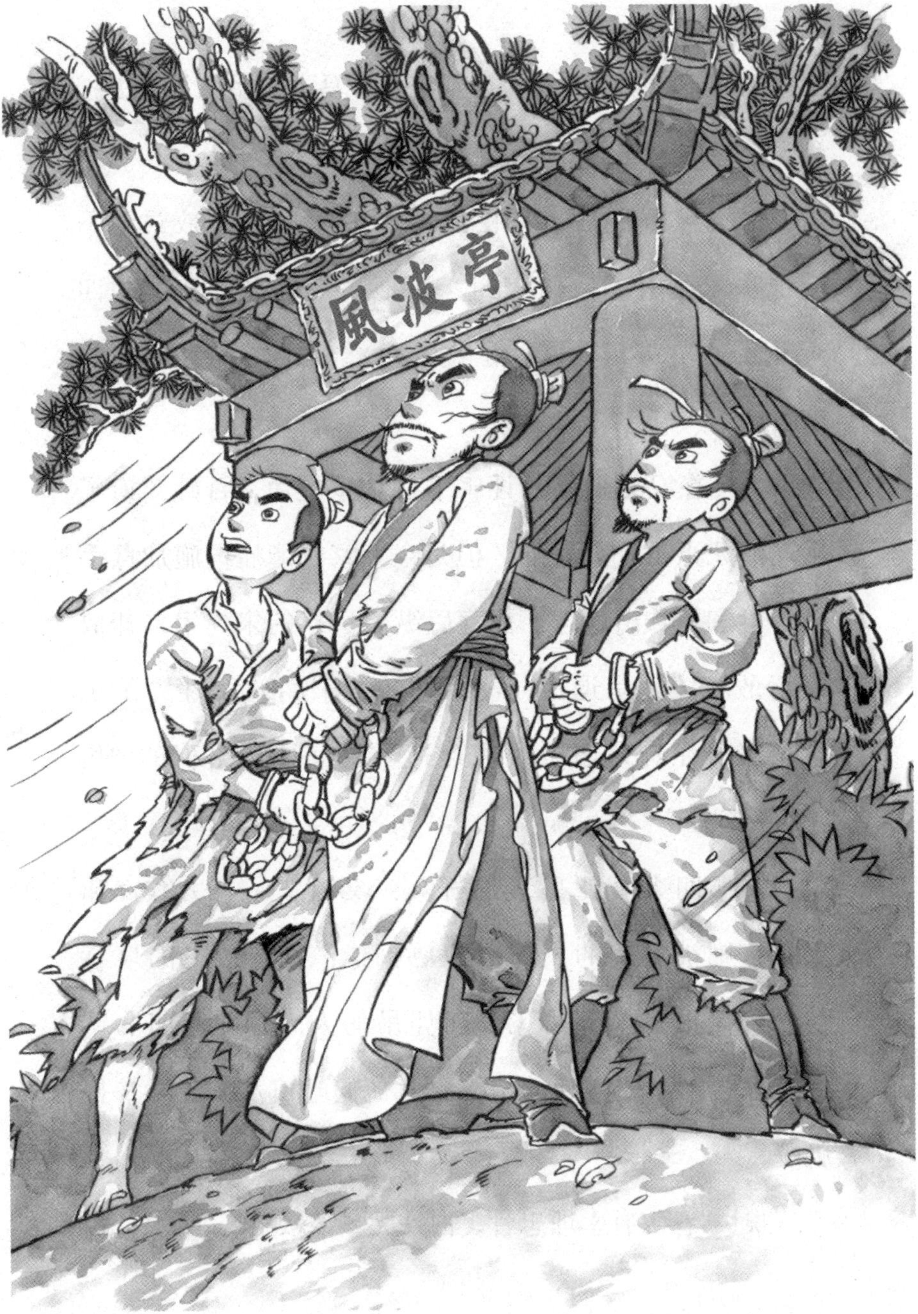
風波亭

一心想邀功的万俟卨接到密函，马上将岳飞等三人押到大理寺的风波亭，毫不犹豫地把三人处死了。

岳飞被害之后，秦桧连岳飞的家属也不放过。不但把岳家所有的家产查封，还把岳飞的妻子和他的四个儿子：岳雷、岳霖、岳震、岳霆，放逐到遥远的岭南去。

岳飞在汉奸秦桧的诬害下牺牲了性命，百姓知道了岳飞的死讯都十分悲痛。但是，大家只能痛恨施加毒手的秦桧和万俟卨，对于在背后纵容秦桧的宋高宗，却敢怒不敢言。高宗退位，孝宗即位，宋朝的百姓为了纪念岳飞，在杭州西冷桥边建造了一间庄严肃穆的"岳王庙"。

而那四个害死岳飞的奸人：秦桧夫妇、万俟卨和张俊，则被后代的人铸成四尊铜像，跪在岳飞的坟墓前忏悔。很多来到岳飞坟前凭吊的人，看到这四尊铜像，都会忍不住激动的情绪，对他们吐口水，甚至拳打脚踢。

唉！"青山有幸埋忠骨，白铁无辜铸佞臣"。听说，四个奸人的铜像因为被打坏,重新铸造了六次①。

只是,任凭后代的人如何愤恨难消,也唤不回一代名将的精忠英魂啊!

---

① 传说秦桧的子孙到杭州来当官,曾叫人偷偷地把铜像搬走,丢进西湖里,西湖的湖水竟然一夜之间就变臭了。

尾 声

因为金规定宋高宗不能无罪就将宰相革职，所以秦桧前后担任宰相十八年。这十八年间，秦桧把持国家大政，乱加税赋，使很多百姓家破人亡，南宋的国力也更加衰弱不振。秦桧作贼心虚，排除和自己意见不合的人，只要是主张抗金的官员，都被贬斥。他害死了岳飞，生怕百姓批评，所以篡改官史，奖励歌颂他的诗文；尤其怕百姓提起岳飞的名字，甚至把"岳阳"这个地名改成"纯州"。

绍兴二十五年（1155），秦桧病死，宋高宗还赐给他"忠献"的谥号。岳飞的名誉却迟迟未能获得平反。直到绍兴三十二年（1162），高宗退位，孝宗即位，岳飞才恢复了原来的名誉和职位，并追封他为"鄂王"，赐给他

"武穆"的谥号。所以后人都尊称岳飞为"岳武穆"。而大奸臣秦桧则在宋宁宗时被改谥为"缪丑",让他后代子子孙孙永远蒙羞。①

---

① 谥号是中国古代对皇帝、皇后以及诸侯大臣等社会地位相对较高的人物,在其去世之后官方依据其生前所作所为给出的一个具有评价意义的称号,用来高度概括这个历史人物的一生。宋高宗赐给秦桧"忠献"的谥号,表示他认为秦桧是一个对他尽忠的臣子。宋宁宗把秦桧的谥号改为"缪丑",则表示他认为秦桧是一个犯下严重错误、极为丑陋无耻的人。

岳飞小档案

1103 年　出生于相州（今河南安阳）汤阴县。

1116 年　拜周侗为师。

1119 年　与知县之女李华结婚。第二年，长子岳云出生。

1122 年　与同门王贵、汤怀等人应募为兵，并成为新兵队长，后带领百人新兵收服盗贼。

1126 年　金兵攻破汴京，掳走徽、钦二帝及皇族三千多人，宫中珠宝亦被搜括一空。岳飞随刘韐拜见康王赵构，并奉康王之命收服以吉倩为首的盗贼，这群人就是后来的岳家军。

1127 年　赵构在应天府登基，是为宋高宗。岳飞率领岳家军跟随宗泽和金兵作战，以八百精兵击退了几千金兵，成为全国的大英雄。后因主和派的谗言被高宗革职。

1128 年　再度被朝廷起用。于竹芦渡和金兵对峙三天三夜，后用计使金兵撤退。

1129 年　以八百士兵大败王善、曹成、孔彦舟为首的贼兵。金兵强大的部队一波波向南推进，岳飞一路保护朝廷继续向南撤退，于八盘山、广德境内大败金兵。

1130 年　宜兴一带，以郭吉和张威武为首的盗匪趁机作乱，岳飞派王贵收服郭吉部众，他则亲手杀了不肯降服的张威武，宜兴一带盗贼从此绝迹。后收复建康，再次击败兀术。

1131 年　击败了长江沿岸的盗匪，赢得百姓爱戴。

1133 年　高宗钦赐"精忠岳飞"的锦旗。

1136 年　母亲姚氏病故，岳飞上书请辞，但高宗不许，反任命他为京湖宣抚使。

1137 年　积极准备北伐，但高宗和秦桧却加紧议和，于是岳飞辞去一切官职，返回庐山为母亲守孝，但是金兵又南下犯宋，高宗再次召岳飞抗金。

1139 年　宋与金和谈，岳飞痛心疾首。

1140 年　金兵再次南侵，所到之处势如破竹，高宗又召岳飞抗金，岳飞不到几天就收复了郑州、陈州、颍昌、洛阳，更渡过了黄河，但是秦桧不希望岳飞得胜，高宗也不希望岳飞继续北上，于是一天内用十二道金牌召回岳飞。

1141年 被捕入狱。年底于大理寺风波亭被处决，年仅三十九岁。